国家社科基金
后期资助项目
GUOJIA SHEKE JIJIN HOUQI ZIZHU XIANGMU

基于覆盖律则的
反事实条件句逻辑研究

Research on the Logic of Counterfactual
Conditional Based on Covering Law

胡怀亮　著

中国社会科学出版社

图书在版编目（CIP）数据

基于覆盖律则的反事实条件句逻辑研究／胡怀亮著．—北京：中国社会科学出版社，2022.6

ISBN 978 - 7 - 5203 - 9653 - 0

Ⅰ.①基…　Ⅱ.①胡…　Ⅲ.①逻辑学　Ⅳ.①B81

中国版本图书馆 CIP 数据核字（2022）第 021002 号

出 版 人	赵剑英
责任编辑	冯春凤
责任校对	张爱华
责任印制	李寡寡

出　　　版	中国社会科学出版社
社　　　址	北京鼓楼西大街甲 158 号
邮　　　编	100720
网　　　址	http：//www.csspw.cn
发 行 部	010 - 84083685
门 市 部	010 - 84029450
经　　　销	新华书店及其他书店

印　　　刷	北京君升印刷有限公司
装　　　订	廊坊市广阳区广增装订厂
版　　　次	2022 年 6 月第 1 版
印　　　次	2022 年 6 月第 1 次印刷

开　　　本	710 × 1000　1/16
印　　　张	12
插　　　页	2
字　　　数	216 千字
定　　　价	68.00 元

凡购买中国社会科学出版社图书，如有质量问题请与本社营销中心联系调换
电话:010 - 84083683

国家社科基金后期资助项目

出 版 说 明

后期资助项目是国家社科基金设立的一类重要项目，旨在鼓励广大社科研究者潜心治学，支持基础研究多出优秀成果。它是经过严格评审，从接近完成的科研成果中遴选立项的。为扩大后期资助项目的影响，更好地推动学术发展，促进成果转化，全国哲学社会科学工作办公室按照"统一设计、统一标识、统一版式、形成系列"的总体要求，组织出版国家社科基金后期资助项目成果。

全国哲学社会科学工作办公室

目　　录

导　　言

在逻辑学中，条件句逻辑是非常重要的，因为在刻画推理的逻辑，都是建立在说明"如果 A，那么 B"的真值以及其推理形式有效性之上的。按照语言学和条件句表述的概念种类之间的概念区别，学界一般把条件句分为直陈条件句（Indicative Conditional）和反事实条件句（Counterfactual Conditionals）两大类。学界对反事实条件句比较关注，主要是因为反事实条件句在日常生活中大量存在，同时它有不同于一般条件句的自身特点。通常而言，一个反事实条件句是指其前件与日常语言中所表达的事实矛盾或者是这个条件句的前件为真的可能性极低，但是，这个条件句的前件与后件又存在着一定的联系。在这种情况下，如果这个条件句的前件成立的话，那么，这个条件句的后件所描述的事实就是成立的。例如：

> 如果我是隐身人，那么没有人能看见我。
> 如果我是你，我将不会学英语。

对反事实条件句的研究是重要的，古德曼认为："反事实条件句的分析绝不是小题大做的小语法练习，事实上，如果我们缺乏解释反事实条件的手段，那么我们就很难声称拥有恰当的科学哲学了……相反，对反事实条件句难题的解决将有助于我们回答有关定律、确证（confirmation）和潜力的意义（meaning of potentiality）这些关键问题。"

传统的处理条件句的理论是实质蕴涵理论，按照实质蕴涵的观点，一个实质条件句 A ⊃ C 逻辑等价于 ¬ A ∨ C 或者 ¬（A ∧ ¬ C）（这里 ⊃ 表示实质蕴涵，¬ 表示并非，∧ 表示合取，∨ 表示析取），按照这种观点，自然语言简单条件句表述了由这个条件句前件和后件所构成的真值函数。但是，如果我们用传统的条件句研究进路——实质蕴涵来刻画反事实条件句，会碰到诸多困难。

因为传统的条件句进路只是考虑一个条件句的前件与后件之间的真假

关系，这种思路并不考虑前件与后件在内容上是否存在联系，但是，反事实条件句则要考虑前件与后件之间的关系。也就是说，传统的实质蕴涵进路刻画反事实条件句是有问题的。

（1）用实质蕴涵刻画反事实条件句的第一个困境：一个反事实条件句的真与其前件的真假没有关系，其主要依靠这个反事实条件句的前件与后件在内容上的关联性。而实质蕴涵恰恰与之相反，其真假判断依据的正是前件的真假，并不涉及这个条件句的前件与后件之间在内容上的关联性。

关于这一点，我们可以从下面的两个反事实条件句的真假判定上看得极其清楚，例如：

1. 如果我是隐身人，那么人人都能看见我。
2. 如果我是隐身人，那么没有人能看见我。

按照实质蕴涵，这两个反事实条件句都是真的，而人们按照常识，一般认为第一个条件句是假的，而第二个条件句是真的。

（2）用实质蕴涵刻画反事实条件句的第二个困境：有些在命题逻辑中有效的推理规则在反事实条件句推理中无效，其中最明显的是命题逻辑中的传递规则（Transitive Rule of Implication）（A ⊃C，C ⊃B；因此，A ⊃ B）。

我们知道，在命题逻辑中，传递规则是有效的，如从条件句"如果天下雨，那么地湿"和条件句"如果地湿，那么我们可能会滑倒"是可以合情合理地推出条件句"如果天下雨，那么我可能会滑倒"。但是，在反事实条件句中，这种传递性推理规则是无效的

由于把自然语言条件句看作是真值函项的会产生一些反直觉的情况，这也许说明条件句不是真值函项的：一个条件句"如果 A，那么 B"的真值是"如果…那么…"的一个充分条件，但却不是一个必要条件。一些其他的条件也许会对"如果 A，那么 B"的真有要求，因此，"如果 A，那么 B"的否定在没有 A 真和 B 假的情况下也可以为真。

为了解决这一问题，学界提出了严格蕴涵理论。1912 年，C. I. 刘易斯在《蕴涵和逻辑代数》一文中定义了严格蕴涵的概念：

p ⥽ q = df ~ ◇（p& ~ q）

这里，符号⥽表示严格蕴涵，~ 表示"并非"，"◇"表示可能性，这个定义所表述的意思是严格命题在蕴涵一词的严格意义上蕴涵另一个命

题当且仅当不可能前件真而后件假。但是，这种理论用于直陈条件句是有问题的，因为会产生严格蕴涵怪论。同样，严格蕴涵理论用于反事实条件句也是有问题的，因为反事实条件句的前件和后件如果存在关系，一般是日常经验或者自然定律之间的联系，而不是我们所认为的逻辑上的必然联系，所以，并非所有的有效反事实条件句都是严格蕴涵的。例如：

> 如果你欺骗了你的商业伙伴，那么你就是一个卑鄙的人。

显然，上例是一个有效的反事实条件句，但是，这个反事实条件句的前件和后件不是逻辑上的必然联系，而是借助于人们的日常的社会经验，这种联系达不到逻辑必然的强度，因此，它不是严格蕴涵的，所以，用严格蕴涵理论来解释反事实条件句也是有问题的。

当代西方学者对反事实条件句表现出了极大的兴趣，并对此进行了深入的研究，相关的研究成果也是纷杂的，但从谱系上看，其研究进路主要有三条：（1）语言学进路。这条研究进路没有依靠可能世界的思想，而是依据源于拉姆齐（Ramsey, F. P）在《普通命题和因果关系》一文中所提出的覆盖律则。这种思路最初由齐硕姆（Roderick Milton Chisholm）所提出，古德曼在《反事实条件句问题》一文中对这种思想进行了发展，自从古德曼的思想出现以后，更多的由古德曼的思想所衍生出的条件句理论出现了，这些理论一般都反对可能世界进路。（2）可能世界进路。这条进路最早由托德（William Todd）在《反事实条件句与归纳预设》一文中提出，斯塔尔纳克（Robert Stalaker）和 D. 路易斯（David Lewis）是这种思想的主要代表人物。当前，支持可能世界进路的学者要么直接继承了他们的思想，要么是他们思想的变形。（3）认知进路。与语言学进路一样，这条研究进路也源于拉姆齐的《普通命题和因果关系》，学界一般称为拉姆齐测验，其核心思想是依据（非或然）信念修订策略对条件句提出了一个可接受性条件。加登福斯（Peter Gärdenfors）、阿列克西（C. E. Alchourron）、梅金森（D. Markinson）等人持有这种观点。从文献上看，这三条进路从不同的视角解释了反事实条件句，但又都存在一些困境。

反事实条件句的语言学进路思想源于弗兰克·拉姆齐，在《普通命题和因果关系》（1929）一文中，他指出：

> "如果 p 那么 q" 意谓着 q 是从 p 中推出的，当然也就是从 p 加

上确定的事实和没有陈述但借助于某些语境来显示的定律推出的。①

这种条件句思想显然借助了前提和衍推这样的语言学概念，所以，学界通常把这种思想称之为语言学进路。

拉姆齐的这种条件句语义学思想是天才的，但直到 20 世纪 40 年代才被学界所关注，最早用这种条件句语义学思想说明反事实条件句的是齐硕姆，他认为：

> 我们是否可以把一个虚拟条件句或者反事实条件句公式化为衍推说明，即以前的知识存储合取前件衍推这个后件。②

随后，古德曼进一步发展了这条进路，他认为一个反事实条件句的真要满足如下条件：

> 一个反事实条件句真当且仅当存在真语句集合 S 使得 A. S 自相容，可以由定律导出后件，而不存在集合 S′使得 A. S′是自相容的，可以由定律导出后件的否定。③

同时还需要满足：

> S 与 A 是"联合支撑"（jointly tenable）或者是"共支撑"（cotenable）的，如果并非若 A 真则 S 会不真，那么 A 和 S 共支撑，同时 A. S 的合取自我共支撑。④

从内在的实质看，齐硕姆和古德曼的这种反事实条件句理论是一致的，只不过古德曼的理论更加精巧而已。从直觉上看，这种理论很好地捕

---

①　Ramsey, F. P., "General Propositions and Casuality", *Foundations : Essays in Philosophy, Logic, Mathematics, and Economics* / F. P. Ramsey; Edited by D. H. Mellor; (Atlantic Highlands, N. J. : Humanties Press, 1978), 144.

②　Chisholm, R. M. (1946), "The Contrary – to – Fact Conditional," Mind (55): 298 – 299.

③　Nelson Goodman. (1947), The Problem of Counterfactual Conditionals. *The Journal of Philosophy*, Vol. 44, 118 – 119.

④　Nelson Goodman. (1947), The Problem of Counterfactual Conditionals. *The Journal of Philosophy*, Vol. 44, 120.

捉到了反事实条件句与现实世界之间的联系，但是，古德曼的这种思想却面临着一个困境，那就是循环。从上面的论述我们不难发现，古德曼的这种反事实条件句理论是用反事实条件句来定义反事实条件句，这就是古德曼本人所说的"相关条件难题"。

为了解决这个问题，很多学者对此进行了讨论。从当前的研究成果看，对于这一问题的解决主要围绕两种思路进行。

一是基于时间的研究思路。帕里（W. T. Parry）① 认为如果把时间要素添加到古德曼的理论中，就可以解决古德曼所面临的"相关条件难题"。库雷（John C. Cooley）也从时间因素对此问题进行了研究，但是，他的研究视角与帕里不同，他用"短暂时间间隔"的概念来消解"相关条件难题"：

> 事实上，我把定律与事件的摹状添加到普遍的因果模式中，在开始的短暂间隔，火柴是干燥的、氧气是充足的等等，并且火柴被摩擦了；这些条件继续在本质上保持不变，在这个间隔的最后部分，火柴被点燃了。②

斯隆（Michael Slote）的解决思路与上述学者有所不同，他利用了"时间基础"（base – time）这种概念来解决古德曼的"相关条件难题"：

> 一个具有时态"would"的反事实条件句是真的当且仅当：（1）它的后件可以由它的前件自然的衍推；或者（2）存在具有时间基础特征的条件 b，与它的前件缺乏一种关系，它在时间基础所获得内容很自然的与前件相容，这种情况下存在一个依据前件和/或 b 加上非统计的（因果）定律的有效（单独）后件解释。③

另一种思路是基于因果关系的研究思路。科维（Igal Kvart）用因果不相关和纯粹的正因果相关的思路来解决古德曼的"相关条件难题"，他认为：

> 一个反事实条件句 A ＞ B（n. d 类型）是真的当且仅当

① Parry, W. T. (1957), Reëxamination of the Problem of Counterfactual Conditionals, *Journal of Philosophy*, Vol, 54：87.

② Cooley, J. C. (1957), Professor Goodman's Fact, Fiction, & Forecast', Vol. 71：298.

③ Slote, M. A. (1978), Time in counterfactuals, *Philosophical Review*, Vol. 87：17 – 18.

$$\{A\} \cup W_A \cup \left\{ \begin{array}{l} \text{在（} t_A, t_B \text{）中描述事件 A 的（非似律）真} \\ \text{语句或者因果不相关或者纯粹的正因果相关} \end{array} \right\} — L \rightarrow B$$

（W_A 是 t_A 的世界的前史）①

当然，有些反事实条件句不会涉及因果性，对于这类条件句，如本内特（Jonathan Bennett）提出用"简单命题"②（simple propositions）这一概念来解决古德曼的"相关条件难题"，我们认为本内特的这种思想并不是严格意义上的语言学进路思想，其偏离了语言学进路核心。因为语言学进路的核心是其认知的基础，而本内特的这种思想实际上是一种形而上学的思想。

反事实条件句的可能世界进路最早由托德（William Todd）在《反事实条件句与归纳预设》一文中提出，他在解决古德曼的相关条件难题时，首次尝试了可能世界这种思想。他认为：

> 在很大程度上，除了反事实条件句的前件外，不同于现实的世界的假设世界都与这个条件句的后件不存在因果相关的情况是存在的，此外，在某种程度上，存在这样一种关系，这些定律是独立于其他定律的，这些定律可以搁置而不会产生不严重后果。③

随后，斯塔尔纳克发展了这种思想，在《一个条件句理论》中，他发展了这种基于可能世界语义学的反事实条件句思想：

> 考虑一个 A 为真的可能世界，并且另外的世界与现实世界存在最小的区别。只有在 B 的可能世界中真（假）下，"如果 A，那么B"是真（假）的。④

---

① Igal Kvart. （1992），Counterfactuals. *Erkenntnis*. Vol. 36：143 – 144.

② Bennett, J. （2003），*A Philosophical Guide to Conditionals*, Oxford University Press：321.

③ William Todd （1964），Counterfactual Conditionals and the Presuppositions of Induction, *Philosophy of Science*, Vol. 31, No. 2. 110.

④ Harper, W. L., Stalnaker, R., and Pearce, G. （eds）（1981），Ifs：Conditionals, Belief, Decision, Chance, and Time. Dordrecht：D. Reidel：45.

D. 刘易斯的可能世界进路是在对斯塔尔纳克的可能世界理论进行批判的基础上建立起来的，他并不同意斯塔尔纳克的存在"最接近的可能世界"的思路，他把斯塔尔纳克的这种思路称之为限制预设。与斯塔尔纳克不同，D. 刘易斯用相似性和可能世界等术语来描述反事实条件句的真值条件：

> 在这个系统中，j、i、k 表示世界，j≤ᵢk 表示世界 j 与世界 i 的相似性至少与世界 k 一样。j<ᵢk 则被定义为并非 k≤ᵢj，意指 j 比 k 更相似于 i。我们可以假设为每个世界 i 两个项的赋值：≤i 是世界间的二元关系，当做基于对 i 的可比较相似性的世界间的序，世界集合 Sᵢ 表示 i 可及的世界集合。①

可能世界进路在当代有很多成果出现，其主要围绕相似性问题、如何确定一个为真的世界等概念展开，相关的争论还是很激烈的。

第一种思路是关于反事实条件句与相似性问题。霍桑（John Hawthorne）认为按照路易斯的反事实条件句语义学，一个反事实条件这种真需要后件在前件真的所有最相似的世界中真，这种限制是有问题的，因为：

> 根据一个系统波函数提供位置的概率的量子力学解释，好像在任何普通情况中，一定存在一个微小、但会出现特殊奇异事情的机会。假设我扔出盘子，波函数将认为描述了盘子会存在一个极其微小的机会，这包括盘子会飞到别的地方。②

伯尔（Judea Pearl）提出了新的解释思路，这条解释思路也来自"拉姆齐测验"，他认为：

> 与刘易斯的理论相比，反事实条件句不是基于预设世界间相似性的抽象概念，相反，他们直接取决于产生这些世界的装置（也可以想象为定律）和它们的不变性质。最小外科（minisurgeries）原则（X = x）替代刘易斯难以理解的"奇迹"，"最小外科原则"

---

①　David Lewis，（1973），*Counterfactuals*，Basil Blackwell：48.

②　John Hawthorne（2005），"Chance and Counterfactuals"，in *Philosophy and Phenomenological Research*，Vol. LXX：p. 396.

表征了对建立前件 X ＝ x 而言，最小改变（对一个模型而言）的必然性。因而不管什么时候需要，我们都可以把相似性和优先性读作虽然是事后的想法，但是他们却没有进行基础分析的运算算子。①

这条进路的核心内容在于"最小手术"的概念，这个概念学界现在通常称为干预。表征干预依次预设了通过定向非循环图（Directed Acyclic Graph），当前大多数的因果理论都依赖于定向非循环图的使用。斯伯特（Peter Spirtes）、格莱莫（Clark Glymour）和斯尼斯（Richard Scheines）认为：

> 定向非循环图可以用于表征概率分布中的条件句独立关系。对一个已知图 G 和定点 W，Parents（W）是 W 的 parents 集合，Descendants（W）是 W 的 descendants 集合
> 马尔科夫条件（Markov Condition）：V 之上的定向非循环图和概率分布 P（V）满足马尔科夫条件当且仅当对 V 中的每一个 W，W 是已知 Parents（W）的 V \（Descendants（W）∪ Parents（W））的独立。②

从形式逻辑的视角看，伯尔的著作与 D. 刘易斯的条件句等级的公理化相比，其提出了一个更加综合的分析。但是，就像高兹梅德（Golszmidt）和伯尔在《缺省推理、信念修正和因果模型的定性概率》一文中所分析的，在这个领域存在一些众所周知的难题，他们推测了由定向非循环图限制范围系统的完全特性，并且提供了定向非循环图中所提及的详细干预的一个特殊马尔科夫公理。由于添加了依据定向非循环图的第三个已知的表征水平，这超出了依据句法和语意的常用划分。③

第二种思路是反事实条件句与选择函数。这方面的问题是针对 D. 刘易斯的 Bizet – Verdi 的例子而展开的，为了解决这个问题，范·弗拉森

① Pearl, J. (2000), *Causality*: *Models*, *Reasoning*, *and Inference*, Cambridge University Press, Cambridge, England. 239 – 240.

② Spirtes, P. and C. Glymour, R. Scheines (2001), *Causation*, *Prediction*, *and Search*, 2nd Edition, Cambridge, MA: MIT Press. 32 – 33.

③ Goldszmidt. M. and J. Pearl (1996), "Qualitative Probabilities for Default Reasoning, Belief Revision and Causal Modelling", *Artificial Intelligence*, 84, No 1 – 2: 89 – 93.

（Van Fraassen） 使用了赋值（supervaluation） 来辩护。他认为在实际操作中，我们不会依靠严格单独世界选择函数来评价条件句，相反，我们会考虑一些不同的方式来测度世界的相似性，每一个它的适当世界选择函数，每一个世界的选择函数提供了一种评价条件句的方式。①

波洛克（John Pollock） 在《反事实推理》一书中也发展了一个用于条件句的最小改变语义理论，这种语义学事实上是一种典型的类选择函数语义学，他接受 D. 刘易斯不接受的广义后件原则（Generalized Consequence Principle）：

> 如果Γ是一个语句集合，对每一个 Q ∈Γ，（P > Q） 是真的，Γ→R，那么（P > R） 是真的。②

有些学者也提出了和波洛克类似的思想，如布鲁（N. A. Blue） 就认为我们把反事实条件句视为在目标语言的前件语言集合与目标语言视为后件的另一个语句之间确定语义相关的元语言学语句：

> 我们可以把一个已知的反事实条件句解释为元语言学 L 中的一个句子，其具有以下的形式：
> （I） ∑→→C
> 这里∑是 L 中的基本语句集合，C 是 L 中的语句。（I） 读作：
> 对于∑中的每一个元Γ，如果每一个Γ中的元是真的，那么 C 会是真的。③

凯策（Angelika Kratzer） 也提出了和波洛克类似的思想，他认为：

> 反事实条件句的真取决于下面所考虑的世界的所有情况：在评价他们中，我们不得不考虑添加尽可能多的事实到前件以达到一致许可程度的所有可能性。如果后件得出每一个这种可能性，那么（才），

① van Fraassen, B. C., （1974）, Hidden Variables in Conditional Logic. *Theoria*, 40：176 - 190.

② J. Pollock （1976）, *Subjunctive Reasoning*. Reidel, Dordrecht. 20.

③ N. A. Blue （1981）, A Metalinguistic Interpretation of Counterfactual Conditionals. *Journal of Philosophical*, 10：182.

整个反事实条件句是真的。①

凯策用可能世界的概念来表述这种反事实条件句思想：

> W 为可能世界的集合。那么，命题是 W 的子集。如果 p 是任意命题，p 在 W 的 w 世界是真的当且仅当 w 是 p 的一个元。我们以这种一般形式定义一致性概念、逻辑相容性和后件。②

阿奎斯特（Lennart Åqvist）则认为在条件句中的条件句算子可以依据实质蕴涵和一些独特一元算子来定义，一个类选择函数可以恰当地挑选语句ϕ和世界 i，所有的ϕ世界是足够相似于 i，而不是仅仅是那些世界是最相似于 i：

> 回到火柴的例子，我们通过□（﹡A →B）（缩写为 A ⇒B）来形式化古德曼的条件句，这里 A 为"火柴被点燃了"，B 为"火柴亮了"，→表示实质蕴涵，﹡A 是在确切的那些属于 f（A）的世界中为真，□表示模态性，因此，因果必然性使得公式□C 在现实世界 K_0 中为真的当且仅当 C 在每一个属于集合 P（K_0）的世界中为真。③

一个类似的思路由纽特（Donald E. Nute）提出，但是他提出的语义学明显是一个类选择函数语义学的修正，其意图解释是不同的，即对类选择函数在模型中已知的这个角色，存在一个不同非形式解释，任何世界是更加相似于其本身，而不是其他的世界。

> A > B 在世界 i 中是真的，仅当 B 在 A 足够像（enough like）考察 i 的所有世界中是真的。④

---

① Kratzer, A. (1981), "Partition and Revision: The Semantics of Counterfactuals", *Journal of Philosophical Logic* 10. 201.

② Kratzer, A. (1981), "Partition and Revision: The Semantics of Counterfactuals", *Journal of Philosophical Logic* 10. 201.

③ Lennart Åqvist (1973), "Modal Logic with Subjunctive Conditionals and Dispositional Predicates", *Journal of Philosophical Logic* 2.3.

④ Nute, D. (1975), "Counterfactuals and the Similarity of Words", *The Journal of Philosophy*, 72, 774.

　　沃姆伯德（Ken Warmbrōd）提出了一个他称之为条件句的语用理论，这个理论基于世界的相似性，他认为我们用于评价条件句的世界集合不仅仅由特定条件句的前件决定，而是由出现在包含特定条件句中的交谈主要部分的所有条件句的前件决定，因此，评价一个条件句常常与交谈的主要部分相关，而不是隔离的。

　　R 是一个与世界 w 有关的交谈主要部分的正常解释，当且仅当，对每一个 D 中的前件 p，存在 p—世界 v 使得 wRv 成立。因此，我们语用解释理论包含两个断言。第一，用于解释交谈 D 主要部分的关系 R，其结果一定来自 D 中的前件或者先前假设的标准解释。第二，对相关于现实世界的 D 来说，R 一定是正常的。①

　　加贝（Dov M. Gabbay）则提出了一种最大改变理论的条件句思想，这种思想类似于类选择函数，但是又与其不同，其模型是选择函数把前件和后件视为论证。

　　条件句依据 $\square_A B$ 形式的模态性而不是依据 $\square_{A,A}\cdot B$ 的模态性（独立于两个语句）是一种不令人满意的分析，并且，或多或少的，A > B 可以视为 $\square_{A,B}(A \rightarrow B)$ ……我们减少了对普通必要性的 > 概念，因而不需要使用相似的世界。② ［这里 A > B 表示反事实条件句，$\square_A$ 是一个独立于 A 的必然算子，$\square_A B$ 是指 B 是（A—）必然真——引者］

基于此，加贝接着指出：

　　每当言说者在一个世界 t 说出一个语句 A > B 时，言说者在脑海里已经有一个 $\Delta(A，B，t)$ 语句的确定集合。③

① Warmbrōd. （1981），Counterfactuals and Substitution of Equivalent Antecedents. *Journal of Philosophical Logic*，10（2），282.

② D. M. Gabbay（1972），"A General Theory of the Conditional in Terms of a Ternary Operator"，*Theoria*，38：97.

③ D. M. Gabbay（1972），"A General Theory of the Conditional in Terms of A Ternary Operator"，*Theoria*，38：98.

A ＞ B 是真的，当且仅当在所有的可能世界中，Δ(A，B，t) 和 A 是真的，B 也是真的。[1]

费切尔（James H. Fetzer）和纽特在《语法、语义和本体：概率因果演算》一文中则提出了另一种最大改变理论，他们强调：本文的目的是在科学语言内进行逻辑的、法理的和反事实条件句的分析，即"科学"条件句的调查。[2] 他们认为"科学"条件句满足"最大特异性"要求（The Requirement of Maximal Specificity），而一般不适用于普通交谈。

"最大特异性"要求：如果添加到在 L 中真的科学条件句 S 的指称类摹状到全部相关谓词中，那么，得到的语句 S∗是或者 S∗在 L 中真（基于的事实是它们的前件现在是自我矛盾的），或者 S∗在 L 中逻辑等价于 S（基于的事实是前件 S 已经蕴涵谓词）。[3]

第三种思路是基于相干逻辑。马雷斯（Edwin D. Mares）和费曼（André Fuhrmann）基于相干逻辑构造了一个反事实条件句理论，这种语义学也是使用选择函数来决定反事实条件句的真，同时使用了 Routley - Meyer 三元可及关系来决定反事实条件句的真，这种语义学认为 $A \rightarrow B$ 在世界 a 是真的当且仅当对所有的世界 b 和 c，使得 Rabc（R 是可及关系）或者 A 在 b 中假或者 B 在 c 中真。因此，他们认为：

条件句 A＞B（如果 A，那么会是 B）在 a 中是真的，当且仅当 A→B 在约束赋值 A 和 a 所表述命题的所有世界中为真，即如果 [A] (A→B) 在 a 中成立。[4]

---

[1]　D. M. Gabbay, (1972), "A General Theory of the Conditional in Terms of a Ternary Operator", *Theoria*, 38：99.

[2]　Fetzer, J. H. and D. Nute (1979), "Syntax, Semantics, and Ontology: A Probabilistic Causal Calculus", *Synthese*, 40：453 – 495. 454.

[3]　Fetzer, J. H. and D. Nute (1979), "Syntax, Semantics, and Ontology: A Probabilistic Causal Calculus", *Synthese*, 40：459.

[4]　Mares, E. D. and A. Fuhrmann (1995), "A Relevant Theory of Conditionals", *Journal of Philosophical Logic*, 24：646.

　　马雷斯在《条件句逻辑》① 一文中提出一个包括反事实条件句更复杂的相干条件句理论。

　　认知进路来源于弗兰克·拉姆齐在《普通命题和因果关系》一文中所提出的一种条件句逻辑思想，学界通常把拉姆齐这一思想称之为"拉姆齐测验"。

　　　　如果两个人正在争论'如果 p 将 q'？并且这两个人都对 p 持怀疑态度，那么，这两个人正在假想的添加 p 到他们的知识储存，并且论证 q 的基础；所以，在某种意义上'如果 p，q'和'如果 p，非 q'是矛盾的。我们能说他们正在确定他们对已知 p 后，q 的信念度。②

　　把认知与条件句结合在一起进行研究的时间较其他条件句进路而言较晚，出现在 20 世纪的 70 年代，其中以加登福斯为代表，加登福斯的认知条件句理论与"拉姆齐测验"有着紧密的联系，加登福斯把"拉姆齐测验"视为是一个接受检验。按照加登福斯的语义学，"拉姆齐测验"可以表述为：

　　　　（RT）在信念状态 K 中接受一个形如"如果 A，那么 C"的语句，当且仅当 K 的最小改变需要接受 A 也需要接受 C。③

　　加登福斯认为，在已知信念修正的分析后，我们可以把"拉姆齐测验"预设某些修正信念状态的方法自然地用更凝练的方式表示这个测验用：

　　　　（RT）$A > C \in K$ 当且仅当 $C \in K *_A$④

　　这里，这个公式预设了 $A > C$ 形式的语句属于目标语言，它们可以

①　Mares，E. D.（2004），*Relevant Logic : A Philosophical Interpretation* ，Cambridge：Cambridge University Press.

②　Ramsey，F. P.（1929），"General Propositions and Causality," in R. B. Braithwaite（ed.），1931，*The Foundations of Mathematics.* London：Routledge and Kegan Paul.

③　Gårdenfors，P.（1988），*Knowledge in Flux*，Cambridge，MA：MIT Press：147.

④　Gårdenfors，P.（1988），*Knowledge in Flux*，Cambridge，MA：MIT Press：148.

视为信念修正模型中的信念集合因素。借助于（RT），加登福斯用"拉姆齐测验"把认知确认函数性质和 > 联系了起来。

对于反事实的逻辑，加登福斯认为"拉姆齐测验"精确公式化使得把某些标准的基础语义概念引入到发展条件句逻辑称为可能：

> （Def Val）在 L' 中，公式 A 在信念修正系统 ⟨K，∗⟩ 中是可满足的，当且仅当存在某些 K ∈K，使得 K ≠K⊥ 并且 A ∈K。公式 A 在系统 ⟨K，∗⟩ 是有效的，当且仅当¬A 在系统中不满足。公式 A 是（逻辑）有效的当且仅当 A 在所有信念修正系统中有效。①

条件句逻辑认知进路在当代也有成果出现，有些是为了解决加登福斯的认知系统存在的问题而展开的，其主要围绕认知、选择函数等概念，当然，令人感兴趣的是，认知进路除了应用到条件句逻辑中，最近的研究成果涉及到了完美信息和不完美信息间不合作博弈中的主体具有的交互知识。

李维（Isaac Levi）提出了一个并不依据选择函数的真值理论，而是依据接受条件的认识理论。主要的观点是：存在这样的一种假定形式，由于这个论证与当前信念集合无关而与一个共享协议（预设信息）的背景有关，这个命题被假设为真的。② 对于拉姆齐测验，李维提出了一个与加登福斯不同的解释，这种解释的核心是：

> 一个（受管制）类型的条件句 h > g 是涉及当前语料库的转换或者在 L 中表述的信念集合 K，它们与 g 的认真（serious）可能性相关，而与当前语料库本身无关。这种 K 的转换 T（K）是 K 的 L 最小修正，其受到 h 是 T（K）中的一个元的专有限制。③

但是，认知进路的研究更多的与表征完美信息和不完美信息间的不合作博弈中的主体具有交互知识相关。

阿曼（Robert Aumann）在不同的著作中所澄清的，实质条件句与对分析博弈提供适当结构不同，他指出：

---

① 　Gårdenfors, P.（1988），*Knowledge in Flux*, Cambridge, MA：MIT Press：148.

② 　Levi, I. 1996, For the Sake of the Argument：Ramsey Test Conditionals, Inductive Inference and Non – monotonic Reasoning. Cambridge：Cambridge University Press.

③ 　Levi, I.（1988），"Iteration of Conditionals and the Ramsey Test", *Synthese* , 76：61.

　　例如下面这个语句："如果怀特向前移动兵，那么布莱克的王后就会被捉住"。这个语句在实质条件句的意义中是成立的，因为怀特事实上不移动他的兵是充分的。在虚拟的意义中，我们忽视了怀特的实际移动，并且想象他移动了兵。如果布莱克的王后被捉住了，那么substantive 条件句就是真的；如果没有被捉住，那么虚拟条件句就是假的。

　　如果怀特并没有移动他的兵，我们仍然可以说"如果怀特移动了他的兵，那么布莱克的王后会被捉住"。这是一个反事实条件句。要决定这个条件句是否成立。我们要像上面一样继续考虑：想象怀特移动兵了，并且看是否他的王后被捉住了。①

尽管我们对阿曼所提出的借助于"忽视了怀特的移动"的确切意义不清楚，但是现在我们对这种分析是熟悉的。我们可以把其解释为李维的做法，并依据收缩所有关于当前移动的信息，能毫无问题地添加他"移动兵"的信息。

萨蒙（Dov Samet）则提出了一个预设知识概念的具体模型，他利用提供认知模型以引入完全信息博弈。萨蒙认为：

　　在特定的分区结构中，信息的标准结构对策略思维建模是不够的。他们无法捕捉预设玩家使其知道的情况不会发生的内在结构。我们可以使用一个分区的结构扩展在细节上对这种预设进行建模。预设知识算子由扩展结构来定义，使其具有公理化的特征。我们可以论证扩展结构到完全信息博弈模型的使用。充分条件是来自玩家在博弈中使用逆向归纳法。②

泽尔腾（Reinhard Selten）和利奥波德（Ulrike Leopold）在《决策与博弈论中的反事实条件句》一文中，提出了一个概括的贝耶斯条件句理论，他认为：

---

①　Aumann，R.，（1995），"Backward Induction and Common Knowledge of Rationality"，*Games and Economic Behavior*，8：14.

②　Samet，D.，（1996），"Hypothetical Knowledge and Games with Perfect Information"，*Games and Economic Behavior*，17：230.

　　反事实条件句出现在决策和博弈论中是很自然的。要看到某种行为是否为最优，观察是否做出一些非最优选择出现的情形常常是必须，事实上，既然一个理性的决策者不会采取非最优选择，那么这种选择后果的测验必然涉及反事实条件句。①

　　在《虚拟条件句与意向偏好》一文中，基尔姆（Brian Skyrms）提出了一个依据选择函数的斯塔尔纳克式的理论，他认为：

　　　　在单主体和多主体的决策问题中，虚拟条件句是决策的理性基础。只有当他们引起问题时，他们才需要明确地分析这一问题，就像最近在延伸形式博弈对理性的讨论一样。本文研究在博弈论中使用一个严格意向偏好效用解释的虚拟条件句，研究了两种不同的博弈模型，古典模型和现实模型的限制。在经典模型中，反向归纳的逻辑是有效的，但是其不能用于虚拟条件句中，相干虚拟条件句甚至不会产生意义。在现实模型的限制中，虚拟条件句会产生意义，但反向归纳仅仅在特殊的假设是有效的。②

　　基尔姆（1994）③ 把这个理论与亚当斯的条件句理论进行了比较。按照他的说法，这个理论致力于在分析完全信息博弈中使用。

　　综上所述，我们认为尽管当代的反事实条件句理论是纷杂的，但从谱系上看，这些理论绝大部分都源于这三个分支，它们从不同的视角解释了条件句，各具特色，但它们又都面临一些问题，与这些问题密切相关的是一些哲学上的问题。语言学进路的核心思想是"共支撑理论"，尽管这条进路很符合人们的直觉，但这条进路面临一个困境：循环。可能世界进路对条件句提供了一个可能世界语义学公理系统，但这条进路对相似性的概念的依赖太强。同时，一个可能世界就是一个假定的信念储存的本体论相似物，但这种思路却不适合用于传递一个经典条件句逻辑完全类的统一语

---

①　Selten, R. and U. Leopold (1982), "Subjunctive Conditionals in Decision and Game Theory", in W. Stegmuller et al. (eds.) *Philosophy of Economics*. Berlin, Springer: 199.

②　Skyrms, B. (1998), "Subjunctive Conditionals and Revealed Preference", *Philosophy of Science*, 65/4: 545.

③　Skyrms, B. (1994), "Adams's Conditionals", In E. Eells and B. Skyrms (eds.) *Probability and Conditionals: Belief Revision and Rational Decision*, Cambridge: Cambridge University Press, 13 – 27.

义学。认知进路的核心概念是可接受理论，其主要借助于（非概然）信念修正的办法来实现可接受条件的。但这种思想与其理论中的三个完全信念改变的直觉假设不相容。

但是，我们认为上述反事实条件句进路都有一定的合理性，因为反事实条件句分析的哲学中心问题是形式系统内的推理有效性是否恰当地符合非形式原型的问题。每一种新的条件句分析都在一定程度上改进了原有的经典条件句分析，都从一定方面克服了经典条件句分析的不足或限度。比较激进的非经典反事实条件句分析甚至敢于修改基本定律和根本性的观念。近几十年来，非经典反事实条件句理论的兴起和发展，势头迅猛，成为当代科学哲学研究中不可轻视的一股力量。

文献检索表明，国内学者对当代反事实条件句理论的谱系、问题和合理性还没有进行系统研究，研究存在"碎片化"的问题，整体性研究缺乏，这表明对反事实条件句理论进行系统研究仍是一个尚未完全解决的课题，有必要进一步研究，同时，当代反事实条件句逻辑的研究进路有很多，对它们进行分门别类的研究有助于我们更好地认识反事实条件句的本质。另外，当代反事实条件句的研究涉及了语言学、选择函数、认知、主观概率以及表征完美信息和不完美信息间的不合作博弈中的主体具有的交互知识以及计算机人工智能等，因此，具有一定的应用价值。尽管国内的学者没有对反事实条件句进行系统的研究，但他们关于条件句理论的研究工作对于本研究具有重要的启示和参考价值，如王文方教授、刘华杰教授、张家龙教授、李小五教授、陈波教授和冯棉教授等人对反事实条件句的研究工作。

基于此，我们尝试对当代反事实条件句逻辑的一条重要研究进路——语言学进路进行研究，这条进路的核心思想是覆盖律则。我们知道，自斯多噶学派以来，尽管中世纪的逻辑学家对此作出了很多的贡献，但条件句逻辑并没有得到长足的发展，中世纪逻辑学家仅仅是把蕴涵和条件命题看成同一的，而且一般都表示为不可能前件真而后件假。进入20世纪中期后，随着现代形式逻辑的发展，这也给学界重新刻画反事实条件句提供了一种新的可能，因此，出现了一大批有别于"实质蕴涵"理论的条件句逻辑，这些条件句理论从对条件句进行"实质蕴涵"的解释转向更加注重条件句的可断定条件和对应条件句两者之间是否匹配的问题。和历史上其他的条件句进路相比，这些条件句进路的思想极具理论价值，在条件句研究中占有重要的地位。覆盖律则思想正是在这种背景下出现的，这种思想也是最早出现的有别于实质蕴涵的条件句思想，并且这种思想是针对反事实条件句而提出的，但是，这种思想也碰到了一些困难，并在最近几年慢慢淡出了学界的视野。我们认为这种思想对于刻画和认识反事实条件句还是很有价值的，因此，在本书中，我们选择了对反事实条件句的语言学进路进行研究，目的在于以基于语言学进路的核心思想"覆盖律则"为研究主线，在此框架内，系统分析基于语言学进路所面临的困境，厘清学界围绕"覆盖律则"而展开的哲学论争，具体分析基于覆盖律则的条件句逻辑所引发的几个哲学问题，对拉姆齐设想进行重新审视，在此基础上提出了一个新的条件句逻辑研究框架。

本书研究的基本思路包括七个环节：困境→突破→问题→辩护→反思→重思→新思路。首先是分析传统的实质蕴涵进路在解释反事实条件句所面临时的困境，这是本书立论的前提条件和逻辑起点；其次是对覆盖律则的萌芽、雏形、形成和特点进行分析，然后总结出覆盖律则所面临的问题；接着再分析对覆盖律则的拯救及其面临的问题；然后进行哲学反思，主要考虑相关条件问题和科学定律问题，进而返回原点，重新审视反事实条件句的本质问题，重新审视拉姆齐的设想究竟是什么，最后提出一个新的基于覆盖律则的反事实条件句理论框架。

在第一章中，我们分析了传统的反事实条件句进路面临的困境。我们首先对条件句进行了分类，为了更加方便地展开我们的讨论，我们在本书中把条件句分为直陈条件句与反事实条件句两大类。我们认为由于把自然语言反事实条件句视为真值函项会产生违反人们直觉的问题，无论是实质蕴涵理论还是严格蕴涵理论，都存在一定的问题，这从另一个侧面说明，反事实条件句的真可能和其他的情况相关。

在第二章中，笔者对基于覆盖律则的条件句逻辑的整体进行了分析。主要包括覆盖律则的萌芽，即拉姆齐的建议；覆盖律则的雏形，即古德曼的反事实条件句逻辑；覆盖律则的形成，即古德曼的共支撑思想以及覆盖律则的特点四个部分。众所周知，"覆盖律则"是源于拉姆齐在《普遍命题与因果关系》一文中提出的一个建议，随后，齐硕姆对这个建议进行了发展，但是，真正使这种解释反事实条件句思想成为一种系统理论则要归于古德曼。从文献上看，"覆盖律则"是一种解释反事实条件句的思想，即一个反事实条件句的前件加上相关定律能衍推这个条件句的后件。拉姆齐描述了确定一个条件句后件为真的思想，从字面上不难理解，拉姆齐认为一个条件句的前件加上相关定律能衍推这个条件句的后件。这种条件句思想与弗雷格、皮尔士、C.I.刘易斯等人所提出的实质蕴涵、严格蕴涵以及相干蕴涵等条件句思想截然不同，与蕴涵理论相比，这种思想很好地捕捉到了条件句与我们直觉之间的联系。古德曼的反事实条件句思想也是覆盖律则的载体，而"共支撑"在命题范围内是一个可变量，它也是覆盖律则的核心。

在第三章中，笔者分析了基于覆盖律则的条件句逻辑面临的困境。对于覆盖律则而言，其存在的主要难题是相容条件没有强至古德曼的分析，因此，我们可以很容易看到引发这种麻烦的原因：S 包括一个真语句（不管其意指什么，尽管与 A 相容，但与 S 不适合）的事实。因而，我们需要拒斥这样一种来自相关条件集合的不合适语句。所以，古德曼要求不仅仅要与 A 相容，还要与 A "共支撑"。古德曼区别了与前件共支撑的真语句和与前件不共支撑的真语句。很明显，定义共支撑的相关标准是反事实条件句的语言学进路主要难题中的一个。古德曼提出了如下定义：如果并非 A 真 S 不真，那么 A 与 S 共支撑。按照这种解释，古德曼的反事实分析可表示为：A >C 是真的。当且仅当存在某些条件 S 使得（i）S 与 A 共支撑，并且在与 A 和定律的合取中衍推 C；（ii）不存在条件 S' 使得 S' 与 A 共支撑，并且在与 A 和定律的合取中衍推 C。这里，与第一个分析相比较，他把 S' 与 C 和—C 相容的条件去掉了，因为这个条件对于给出的共支撑条件而言已经多余。就像古德曼指出的，这个说明面临一系列困难：循环，因为共支撑是依据反事实条件句定义的。也就是，为了决定 A >C 的真，我们不得不决定是否存在一个与 A 共支撑的 A 适合 S。但是，为了决定 S 是否与 A 共支撑，我们不得不决定反事实条件句 A >—S 的真，显然，这是一种无限循环。因此，我们需要做的工作是避免循环，也就是：独立共支撑是不能依据反事实条件句来定义的。

在第四章中，笔者分析了基于覆盖律则的条件句逻辑引发的逻辑哲学问题。为了解决古德曼的相关条件难题，许多学者对此进行了讨论，从总体上看主要有两种思路。一种思路是把时间因素加入到"简单的覆盖律则"中，这种思路是学界在质疑古德曼的"共支撑"理论时提出来的；另一种思路是把因果相关加入到"简单的覆盖律则"中。其中，最早把时间因素加入到"覆盖律则"的是帕里（W. T. Parry），当然，科瑞（John C. Cooley）也持有与帕里相似的观点，他们认为借助于时间因素可以解决古德曼所面临的"相关条件难题"，但是，在某些反事实语句中，前件提到的情况会与时间同时发生，所以，时间因素不能有效排除实际没有出现的事情，并以此作为条件不相关的依据。为了解决帕里和科瑞所面临的难题，斯隆（Michael Slote）进一步精致了这条进路，他与古德曼特别重视时态和因果指向上的不同，他的解释基本上利用了帕里、科瑞等人的直觉，但又有所不同，斯隆利用了"时间基础"（base-time）这个概念，他的解决方案为诉诸于某种优先性或者是不对称性的，从斯隆的上述解决思路我们不难发现，斯隆所指的反事实条件句时间基础是条件句前件和产生后件的定律所获得相关因素的时间，时间基础包括火柴的实际干燥，但不包括时间基础后实际上没有点燃的时间，这种情况实际上内含着一种优先性或者不对称性，即优先考虑时间基础时的火柴状况，而没有考虑时间基础后火柴没有点燃的时间，因此，斯隆解决方案中内含的不对称性或者优先性本身是难以理解的。为了解决这个难题，有些学者以另外的视角来看待"相关条件难题"。例如，科维（Igal Kvart）提出了与帕里、科瑞和斯隆等人不同的解释思路，科维借助于因果相关的概念来解决"相关条件难题"，即用因果不相关和纯粹的正因果相关概念对"简单的覆盖律则"进行辩护。在科维的解决方案中，因果相关和不相关不是初始概念，他只是把它们定义为概然性的，但是有些明显可接受的反事实条件句没有涉及因果性，也没有涉及因果律。

在第五章中，笔者分析了覆盖律则引发的逻辑哲学问题。我们应该看到，自从古德曼的思想出现以后，更多由古德曼的思想所衍生出的条件句思想出现了，这些思想一般都反对"世界"进路。古德曼的分析如下：A > C 是真的当且仅当有一个真命题支持（A & 支持）合取定律衍推确定的限制 C，也就是说，因果律的合取控制现实世界。"支持"在命题范围内是一个可变量。根据这种分析，条件句谈论的是有一个真命题支持什么…等等；它并没有说命题的内容是什么。对支持理论而言，得到一个好的反事实条件句 A > C 的分析的难题是说测验一个事实为真的难题必须经过量化才能成为支持条件集合中的一个合取肢。测验的一部分是很简单地：支持条件必须与"A& 定律"逻辑相容，也就是与前件以及真因果律的全部的合取逻辑相容。然而，存在许多产生这种结果的方式，在这些方法中，我们的选择会影响我们评价一个特殊的反事实条件句。那么，我们如何理解共支撑？因果律在古德曼的思路中究竟起到什么作用？是否存在古德曼所说的逻辑消除与前件共支撑的真语句？

在第六章中，为了更好和清楚地了解覆盖律则进路的优势和存在的问题，返回原点，对反事实条件句的本质进行反思，也就是探讨什么是反事实条件句的问题。为了更好地进行讨论这一问题，我们准备从三个方面着手，一是如何看待反事实条件句，反事实条件句是否可以再分类的问题，二是探讨直陈条件句和反事实条件句的关系与区别问题，讨论反事实条件句是否有真值问题，如果不能赋真值，那么是否可以采用后件可接受这一概念来刻画反事实条件句。三是我们重新审视了拉姆齐测验。这部分内容主要包括简单的拉姆齐设想、精致的拉姆齐测验以及拉姆齐测验究竟是什么问题。按照拉姆齐的观点，直陈条件句和反事实条件句可以用完全不同的理论来支撑。直陈条件句"如果 p，那么 q"意味着 q 可以根据 p 给出的背景信息推出。而反事实条件句"如果 p 存在，那么 q 会存在"则需要借助于证据，在更加具体的情况下才能得到证实，也就是说，有些反事实条件句可以表述成因果关系。实际上，从拉姆齐的原始论述看，这些解释思路与拉姆齐的最原始叙述还是存在差异的，因为在拉姆齐的原始叙述中根本上就没有出现"支撑"和"集合"这两个概念。

在第七章中，我们对基于覆盖律则的条件句逻辑进行改进。我们认为上述这些反事实条件句的说明都能分析条件句的意义，但是反事实条件句常常意指比这些说明更多的内容。事实上，反事实条件句意指的内容比人们理解的反事实条件句所断定的内容要多得多。齐硕姆、古德曼等人试图寻找反事实条件句的真值条件的目的，仅仅是试图公式化一个反事实条件句为真的要求。我们可以同意，一个成功的非平凡的真值条件公式会启发没有解决的问题：是否一个真值条件公式能分析意义或者是否它可以替代基于提高的条件句所给出的前提，缺乏明确性的前件给这条进路带来了主要的困难。关于这一点，我们认为反事实条件句是一种特殊的条件句，特殊之处就在于它的前件所反映的情况往往是不存在的。要想判断一个反事实条件句，语境是极其重要的，我们必须把这个反事实条件句放到一定的语境中，才能明确说这个语句的人所表达的真正涵义。基于此，我们认为可以重新公式化拉姆齐的建议。

综上所述，本书的主要创新之处可以简要归纳为研究选题的前沿性。当代反事实条件句问题是国内研究中的薄弱环节，本书首次对该问题进行系统研究，厘清了反事实条件句理论的演进。

观点的开拓性。本书研究了当代反事实条件句理论的合理性问题，并尝试用形式与非形式、真理性与概然性、开放性与封闭性以及恰当相符性等观点来说明合理性问题。

研究视角的新颖性。本书从覆盖律则的视角透视了当代反事实条件句的语言学理论面临的问题与合理性，突破了反事实条件句理论研究中长期以来占主导地位的"碎片化"问题，拓展了分析问题的视野和思路。

第一章　蕴涵怪论：传统反事实条件句进路的梦魇

在逻辑学中，条件句逻辑是非常重要的，因为"在某种意义上说，全部逻辑，至少是旨在刻画推理的逻辑，都建立在澄清和研究'若 A 则 B'的真值和涉及此类条件句的推理的形式有效性之上"。① 要研究条件句逻辑，首先要弄清楚什么是条件句，一般来说，学界把形如"如果…，那么…"的语句称之为条件句，"如果"之后的语句称为前件，"那么"之后的语句称为后件。从整体上看，条件句的种类是很多的，条件语句的目的在于说明自然语言中的形如"如果…，那么…"结构的条件陈述句。

从语句的组成结构上看，我们可以把条件句分为简单条件句和复合条件句，所谓简单条件句是指"如果"和"那么"之后的语句都是单个命题构成的，而复合条件句是指"如果"和"那么"之后的语句至少有一个语句是复合命题。在本书中，为了讨论的方便，我们只讨论简单条件句，如果没有专门指出，本书中所提到的条件句都是简单条件句。

如果依据语言学和条件句表述的概念种类之间的概念区别，学界一般把条件句分为直陈条件句（Indicative Conditional）和反事实条件句（Counterfactual Conditionals）两大类，当然，依据这种分类标准，还有其他类型的条件句，为了更好地展开本论题，我们在这里就没有进行细分。

在本章中，我们首先尝试澄清什么样的语句是反事实条件句，接着我们讨论传统的反事实条件句研究路径，进而讨论这种路径碰到的困境。

第一节　何谓反事实条件句

反事实条件句也叫虚拟条件句（Subjunctive Conditional），通常而言，

----

① 李小五：《条件句逻辑》，人民出版社 2003 年版，第 9 页。

一个反事实条件句是指其前件与日常语言中所表达的事实矛盾或者是这个条件句的前件为真的可能性极低，但是，这个条件句的前件与后件又存在着一定的联系。在这种情况下，如果这个条件句的前件成立的话，那么，这个条件句的后件所描述的事实就是成立的。例如：

1. 如果我是隐身人，那么没有人能看见我。
2. 如果美国总统里根出生于印度尼西亚，他就不能竞选美国总统。
3. 如果不发生八国联军进中国，圆明园就不会毁坏。

显然，从我们的日常直觉来看，这三个条件句的前件所描述的事实与我们日常语言中所表达的事实要么矛盾，要么前件为真的可能性极低。例如：在第一个条件句"如果我是隐身人，那么没有人能看见我"中，根据一般的社会常识，"我是隐形人"这个语句为真的可能性是极低的。

在第二个条件句"如果美国总统里根出生于印度尼西亚，他就不能竞选美国总统"中，根据历史事实，美国总统里根的出生地是不在印度尼西亚的，因此，这个条件句的前件与事实是矛盾的。

在第三个条件句"如果不发生八国联军进中国，圆明园就不会毁坏"中，八国联军侵略中国是一个历史事实，因此，这个条件句的前件"八国联军没有侵略中国"与真实事实是相矛盾的。

学界一般把具有这种特征的条件句称为反事实条件句。与反事实条件句相反，直陈条件句一般也被称为事实条件句，因为这种条件句的前件和后件都是用陈述语气来表述的语句，因此，我们可以单独来断定这种条件句的前件和后件的真假。例如：

1. 如果天下雨，那么地湿。
2. 如果美国总统里根出生于美国，他就能竞选美国总统。
3. 如果明天是晴天，那么我们就去郊游。

这三个条件句的前件在日常语言中所表达的内容与事实符合或者前件为真的可能性极高。例如：在第一个条件句"如果天下雨，那么地湿"中，根据人们日常的经验，天下雨是一种正常的气象天气，因此，天下雨为真的可能性是极高的。

在第二个条件句"如果美国总统里根出生于美国，他就能竞选美国总统"中，根据历史事实，显然，美国总统里根的出生地就在美国，因此，这是与现实事实相符合的。

在第三个条件句"如果明天是晴天，那么我们就去郊游"中，明天是晴天的可能性是存在的。

学界一般把具有这种特征的条件句称为直陈条件句。由此，我们可以看到，直陈条件句与反事实条件句的区别主要在于：直陈条件句（真实条件句）一般用于陈述语气，假设的情况是可能发生的。而虚拟条件句则表示的是一种不能实现的假设。例如：

1. 如果明天下雨，那么我会待在在家里。（ If it rains tomorrow, we'll stay home. ）（真实条件句）

2. 如果我是你，那么我会保证尽我最大的努力工作（If I were you, I would surely work harder and be better. ）（虚拟条件句）

显然，例1为直陈条件句，因为所述条件"如果明天下雨"是有可能发生的，例2为反事实条件句，因为所述条件"如果我是你"是不可能发生的。也就是说，直陈条件句的前件与日常语言中所表达的事实符合或者前件为真的可能性极高，而反事实条件句的前件与日常语言中所表达的事实矛盾或者前件为真的可能性极低。

在上文中，我们简单的从内容上对反事实条件句与直陈条件句的区别与联系进行了说明。现在，我们通过具体的例子来进一步说明这两种条件句在形式化表述上的区别。下面是两个传统的例子：

反事实条件句：如果布斯没有刺杀林肯，那么别人会刺杀他。（If Booth does not kill Lincoln, then somebody else will）

直陈条件句：如果布斯没有刺杀林肯，那么是别人刺杀的。（If Booth did not kill Lincoln, then somebody else did）

如果我们令"A = 布斯刺杀林肯，B = 别人而不是布斯刺杀林肯"我们就可以对这两个语句进行形式化表述。由于这是两种不同类型的条件句，为了更好的区别这两种不同类型的条件句，学界通常使用不同的条件句符号来表示这两种类型的条件句，如直陈条件句使用箭头符号"→"，而反事实条件句则使用钩子符号">"，那么，上述语句"如果布斯没有刺杀林肯，那么是别人刺杀的"整个条件句就可以表述为"A→B"，上述语句"如果布斯没有刺杀林肯，那么别人会刺杀他"整个条件句可以表述为"A >B"。

反事实条件句的种类是很多的，由此产生的分类标准也很多，学界从不同的角度对反事实条件句进行了分类。根据时态的不同，我们可以把反事实条件句分为三类：与现在事实相反，与过去事实相反，与将来事实相反。

第一种：与现在事实相反或者现在实现的可能性不大，从句用过去时，主句用将来时。

例句：如果我是你，我将不会学英语。（If I were you，I would not study English.）

第二种：与过去事实相反，从句用过去完成时，主句是将来完成时。

例句：如果你昨天已经来过，那么你会看见她。（If you had come yesterday，you would have seen her）

第三种：与将来事实相反，从句用将来时，主句是过去时。

例句：如果你明天来，那么你会看到我。（If you came tomorrow，you would see me）

上述分类是根据语法的时态进行的，这种分类更多用于语言学。当然，反事实条件句的分类标准是很多的，相对于其他研究者的分类而言，我们认为古德曼在《事实、虚构与预测》一书中对反事实条件句的分类是较为合理的，他把反事实条件句分为事实条件句、半事实条件句、表征专门问题的专门性的反事实条件句、反比较句和反法定句几大类。

古德曼之所以把反事实条件句中的一类分为事实条件句，是因为古德曼认为反事实句难题同样也是事实条件句的一个难题，因为任何反事实句都可以变换成一个有真的前件和后件的条件句，他认为这种转换有助于解决反事实条件句问题，例如，他认为"如果那块黄油曾被加热到150 ℉，它会熔化"这个反事实条件句可以转化为"由于黄油没有熔化，于是它没有被加热到150 ℉"（Since that butter did not melt，it wasn't heated to 150 ℉）这种事实条件句。

那么，什么是事实条件句呢？古德曼认为由于在逆否句（the contrapositive）中出现了"由于"（since）一词，这就表明问题的实质是两个子句之间的某种联结关系，因此，古德曼把这种条件句称为事实条件句：

这类语句的真值——不管它们取反事实句的形式还是事实条件句的形式或者其他形式——都不取决于子句的真或假，而取决于预期中的联结关系是否成立。认识到变换的可能性，主要有助于集中关注核心问题，并阻止对有关反事实本性的推测。虽然我将通过如此这般考虑反事实句的方式开始我的研究，但必须记住，在不考虑有关子句真或假的任何假定的情况下，一种通解（general solution）或许能够说明所涉及的那种联结关系。①

显然，古德曼所描述的事实条件句与实质蕴涵理论是有区别的，按照实质蕴涵理论，一个条件句的真假是由这个条件句的前件和后件的真假决定，这种理论并不考察前件和后件之间的关系，而古德曼的事实条件句不考虑子句的真假，而是重点考察前件与后件之间的联结关系。

当我们在把反事实条件句转化为事实条件句的过程中，还会出现一类和事实条件句不一样的事实条件句。这类条件句的特征是我们可以断定一个反事实条件句，但是我们一定会拒斥这个反事实条件句的逆否句。对此，古德曼就指出：

> 假如我们说：即使火柴已被摩擦了，它仍然不会被点燃（Even if the match had been scratched, it still would not have lighted），我们也会坚定地拒斥逆否句：即使火柴点燃了，它也没有被摩擦（Even if the match lighted, it still wasn't scratched），对我们的意思作出了同样好的表达。②

显然，我们原来试图断言的是"即使火柴已被摩擦了，它仍然不会被点燃"，而不是"即使火柴点燃了，它也没有被摩擦"。第一个条件句有为真的可能性，而第二个条件句显然为假。古德曼把这种条件句称之为半事实条件句（semifactuals），他认为：

> 通常，半事实条件句具有否定由相反的、完全反事实条件句所断言之事物的威力。句子，即使火柴已被摩擦了，它仍然不会被点燃的

---

① ［美］纳尔逊·古德曼：《事实、虚构和预测》，刘华杰译，商务印书馆 2007 年版，第 23 页。

② ［美］纳尔逊·古德曼：《事实、虚构和预测》，刘华杰译，商务印书馆 2007 年版，第 23—4 页。

含义，完全等同于如果火柴已被摩擦了，它就会被点燃的直接否定。这相当于说，实际上完全反事实句断言前后件之间某种确定的联结关系成立，而半事实条件句否定这一点。因此这就清楚了，为什么半事实句通常与其逆否句不具有相同的含义。①

除了上述两类条件句，古德曼认为还有些反事实条件句是专门表述某些特殊问题的，他把这类反事实条件句称为反同一句（counteridenticals），他强调：

> "反同一句"的例子可用下述语句描述：如果我是凯撒（Julius Caesar），我就不会生活在 20 世纪和如果凯撒是我，他就会生活在 20 世纪。在这里，虽然在两个句子中前件都是关于同一主体（identity）的语句，但是我们给出了两个不同的后件。两个后件假定了同一主体，本身却是不相容的。②

古德曼把反事实条件句的前件有"如果我有更多的钱……"这样的形式的条件句称为"反比较句"（countercomparatives），他认为：

> 反事实条件句的另一特别门类是"反比较句"……这些句子的麻烦在于，当我们试图把反事实条件句翻译成关于两个无时态的、非模态的句子之间某种关系的一个语句（statement）时，我们得到有点类似于这样的前件：如果"我比我拥有更多的钱"是真的……，此句把原来的前件不恰当地表达为自相矛盾的语句。③

古德曼认为还有些反事实条件句其前件可能直接否定一般法则，如"如果三角形是正方形……"，"如果这块方形的糖也是球形的……。"他把这类反事实条件句称为"反法定句"（counterlegals），他指出：

---

① ［美］纳尔逊·古德曼：《事实、虚构和预测》，刘华杰译，商务印书馆 2007 年版，第 24 页。

② ［美］纳尔逊·古德曼：《事实、虚构和预测》，刘华杰译，商务印书馆 2007 年版，第 24—5 页。

③ ［美］纳尔逊·古德曼：《事实、虚构和预测》，刘华杰译，商务印书馆 2007 年版，第 25 页。

还存在"反法定句"，其前件既可能直接否定一般法则……也可能做出关于不仅虚假而且不可能的特殊事实的假定……所有这些种类的反事实条件句都提出了有趣的并且并非不能克服的特殊难题。①

除此之外，按照是否独立的问题，反事实条件句还可以分为独立条件句与非独立条件句，对于反事实条件句的独立条件句与非独立条件句问题，本内特进行了详细的分析，他认为可以从逻辑必然、因果律和道德三个方面来区分这两种条件句：

1. 本内特认为第一种区分独立反事实条件句与非独立反事实条件句的标准是逻辑必然性标准，对此，他用两个对比的例子来说明这个问题：

（1）如果河水上涨 2 英尺，那么地铁系统将会被淹没。
（2）如果河水上涨 2 英尺，那么它将比现在高 2 英尺。②

本内特认为（1）是偶然的，（2）是必然的，但是，这种区别不是本质的。其本质的区别是，在（1）中，后件从前件中得到，要借助于无陈述的特殊事实问题的帮助，而在（2）中，我们可以从前件得到后件，而无需借助于任何特殊事实问题的帮助。（1）是一个非独立条件句，（2）是一个独立条件句。

2. 本内特认为第二种区分独立反事实条件句与非独立反事实条件句的标准是因果律的标准，对此，他用两个对比的例子来说明这个问题：

（1）如果那个骑自行车的人两个小时之前在山的另一边，那么他现在将不会在这里。
（2）如果那个骑自行车的人一个月之前离这里有两个光年的距离，那么他现在将不会在这里。③

---

① ［美］纳尔逊·古德曼：《事实、虚构和预测》，刘华杰译，商务印书馆 2007 年版，第 25—6 页。
② 具体内容参见 Bennett, J.（2003），*A Philosophical Guide to Conditionals*，Oxford University Press 的 17 页。
③ 具体内容参见 Bennett, J.（2003），*A Philosophical Guide to Conditionals*，Oxford University Press 的 17 页。

本内特认为一个独立的条件句也许不是逻辑必然的，它也许单独依赖于因果律。（1）是非独立条件句，因为它取决于没有陈述的事实问题，（2）是独立的条件句，这个条件句的成立是因为一个完全物理的问题。

3. 本内特认为第三种区分独立反事实条件句与非独立反事实条件句的标准是道德的标准，对此，他用两个对比的例子来说明这个问题：

> （1）如果她告诉她丈夫她的病情预测，那么她的表现很糟糕。
> （2）如果她仅仅因为好玩而虐待一个儿童，那么她的表现很糟糕。①

本内特认为（1）是一个非独立条件句，因为它是一个依赖事实的条件句，（2）是一个独立条件句，因为这个条件句的成立是因为一个完全道德的问题。

在上文中，我们对什么是反事实条件句，以及反事实条件句的分类进行了分析。在本文中，为了讨论的方便，我们把反事实条件句定义为：一个反事实条件句是指其前件与日常语言中所表达的事实矛盾或者是这个条件句的前件为真的可能性极低，但是，这个条件句的前件与后件又存在着一定的联系。那么，什么是反事实条件句逻辑呢？对于这个问题，学界一般把研究条件句的逻辑称为条件句逻辑，而反事实条件句逻辑则是指运用数理逻辑的方法对反事实条件句进行处理、刻画的一种逻辑理论。

第二节　蕴涵理论与反事实条件句

从文献上看，条件句逻辑的传统进路有着悠久的历史，最早可以追溯到古希腊的斯多噶学派，我们知道，在古希腊后期，逻辑学研究分为两个学派，一个是关注证明思想的逍遥派，另一个是关注论辩术和论证研究的斯多噶学派。关于条件句逻辑研究的起源，我们很难说清楚，尽管亚里士多德的《前分析篇》也使用了条件语句的形式，但在他的命题分类中，并没有涉及到条件句，不过在现存的文献中，我们可以清楚看到，麦加拉

---

① 具体内容参见 Bennett, J.（2003），*A Philosophical Guide to Conditionals*，Oxford University Press 的 17 页。

学派实际上已经知道条件命题了。对此，塔斯基指出：

> 关于蕴涵的讨论，在古代就已开始。希腊哲学家费罗在逻辑史上大概是第一个传播了实质蕴涵的用法的人。①

塞克斯都·恩披里柯（Sextus Empiricus）在《皮浪主义要旨》（Ⅱ）转述了费罗的话：

> 一个条件命题是正确的，不是前件真，后件假。②

由此可见，这种条件句思想实际上就是后来的实质蕴涵思想。对于这种情况，塔斯基曾说：

> 这是有趣的事情，关于蕴涵的讨论，在古代就已开始。希腊哲学家费罗（Philo）在逻辑史上大概是第一个传播了实质蕴涵的用法的人。③

对于费罗的条件句思想，塞克斯都·恩披里柯接着指出：

> 所以按照他的观点，条件句可以有三种方式是真的，一种方式是假的。首先，一个条件句如果他开始于真并且结束于真，则该条件句是真的，例如"如果是白天，那么天是亮的"；其次，一个条件句如果它开始于假并且结束于假，则它也是真的，例如"如果地球飞行，那么地球有翼"；同样，如果一个条件句开始于假并且结束于真，那么这个条件句本身也是真的，例如"如果地球飞行，那么地球就存在"。一个条件句是假的，仅当它开始于真并且结束于假，例如"如果是白天，那么就是夜晚"。④

由此可见，按照费罗的观点，一个真的条件命题可以用三种方式得

① 马玉柯：《西方逻辑史》，中国人民大学出版社 1985 年版，第 98 页。
② 马玉柯：《西方逻辑史》，中国人民大学出版社 1985 年版，第 98 页。
③ 江天骥：《西方逻辑史研究》，人民出版社 1984 年版，第 88 页。
④ ［英］威廉·涅尔、［英］玛莎·涅尔：《逻辑学的发展》，张家龙、洪汉鼎译，商务印书馆 1985 年版，第 168 页。

到：（1）以真的前件开始并且以真的后件结束；（2）以假的前件开始并且以假的后件结束；（3）以假的前件开始而以真的后件结束。一个假的条件命题只有一种情况，即以真的前件开始而以假的后件结束，可见，费罗的条件句理论实际上就是现代逻辑的实质条件句理论。

中世纪的逻辑学家对此作出了很多的贡献，但条件句逻辑并没有得到长足的发展，中世纪逻辑学家仅仅是把蕴涵和条件命题看成同一的，而且一般都表示为不可能前件真而后件假。从研究时间的前后顺序看，中世纪条件句思想的发展主要分为三个阶段：前期条件句逻辑思想的发展主要有波依休斯和阿伯拉尔，中期的代表人物主要有罗伯特·基尔沃比和伪斯各脱，后期的代表人物主要是威廉·奥卡姆和布里丹。

到了 19 世纪后，这种现象有了明显改观，自从皮尔士和弗雷格相继提出了基于"费罗蕴涵"的实质蕴涵的观点后，条件句逻辑开始得到众多学者的关注。其实，从实质蕴涵的真值表中我们不难发现，按照实质蕴涵的观点，一个实质条件句 A ⊃C 逻辑等价于¬ A∨C 或者¬（A∧¬ C）（这里⊃表示实质蕴涵，¬ 表示并非，∧表示合取，∨表示析取），按照这种观点，自然语言简单条件句表述了由这个条件句前件和后件所构成的真值函数。根据以上内容我们可以列出如下真值表：

实质条件句的真值表

前件	后件	条件命题
真	真	真
真	假	假
假	真	真
假	假	真

这种传统的实质条件句进路把条件句作实质蕴涵的解释，近代著名的逻辑学家皮尔士、弗雷格等人都坚持这种观点。按照这条进路，条件句"如果 A，那么 B"的真值由 A 和 B 的真值单独决定。

通过皮尔士和弗雷格的努力，条件句逻辑得到了迅速的发展，此后，罗素、怀特海、维特根斯坦、蒯因等人对弗雷格和皮尔士所提出的这种传统的实质条件句思想的发展、充实，已经逐渐成为一条对现代条件句逻辑发展影响最大的研究进路。

如果用传统进路——实质蕴涵路径来刻画直陈条件句"A→C"，那么，这条进路会面临着困境，因为会出现违反人们直觉的怪论（paradox），最主要的引发怪论的原则主要有两个：假命题蕴涵任何命题；真命题被任一命题所蕴含。例如：

假命题蕴涵任何命题：根据真值表，条件句的前件为假对整个条件句为真是逻辑充分的，因此，从"2＋2＝100"可以推出"如果2＋2＝100，那么雪是黑的。"这个结论，但这是违反直觉的。

真命题被任一命题所蕴含：根据真值表，条件句的后件为真对整个条件句为真是逻辑充分的，因此，从"雪是白的"可以推出"如果2＋2＝100，那么雪是白的。"但这也是反直觉的。

但是，按照实质蕴涵的解释，这两个条件句都是真的。

为了解决实质蕴涵怪论的问题，有学者用含意理论可以消解困扰传统实质条件句进路的实质蕴涵怪论问题，这种观点的支持者主要有格赖斯和杰克逊（Frank Jackson）。

也有些学者认为把条件句做实质蕴涵的解释与直陈式的自然语言条件句"如果A，那么B"的本义不恰当相符，因此他们修改了传统实质条件句进路的一个或者几个预设，以实现消解实质蕴涵怪论的问题，这些思想主要包括严格蕴涵、相干蕴涵和衍推等思想，代表人物有C. I. 刘易斯、安德森（Anderson）、贝尔纳普（Belnap）等人。

但是，尽管相干逻辑研究的出发点是为了解决实质蕴涵怪论，但是："由于推理的具体内容千差万别，从逻辑上去刻画推理的前提和结论之间的内容关联是没有出路的，即使是去刻画这种内容相关的形式表现也不大可能取得成功。"①

正如上文我们所分析的，传统的处理条件句的理论是实质蕴涵理论，但是，如果我们用传统的条件句研究进路——实质蕴涵来刻画反事实条件句，会碰到诸多困难。

因为传统的条件句进路只是考虑一个条件句的前件与后件之间的真假关系，这种思路并不考虑前件与后件在内容上是否存在联系，但是，反事实条件句则要考虑前件与后件之间的关系。也就是说，传统的实质蕴涵进路刻画反事实条件句是有问题的。通过下面的例子，我们能清楚的看到这一点：

如果1＋1＝10，则雪是黑的。
如果1＋1＝10，那么雪是白的。

---

① 陈波：《逻辑哲学》，北京大学出版社2005年版，第44页。

如果我是隐身人，那么没有人能看见我。

按照实质蕴涵真值表，这三个条件句都是真的，因为这三个条件句的前件都是假的，理由是由假得全。

但是，如果按照学界对于反事实条件句的定义，由于前两个条件句的前件与后件并不存在内在的联系，也就是内容不相关，这两个条件句是假的，而人们往往认为第三个条件句是真的，因为如果我真是隐形人的话，那么别人是看不到我的。

我们知道，一个反事实条件句的前件假、后件也假，但这种条件句的前后件之间是存在一定的内在关系的。需要注意的是，与传统的实质条件句进路——实质蕴涵理论不同的是，即使一个反事实条件句的前件为假，这个反事实条件句也可以是假的，而按照实质蕴涵理论，如果一个条件句前件为假，那么，不管这个条件句的后件为真还是为假，这个条件句都是真的。

（1）用实质蕴涵刻画反事实条件句的第一个困境：一个反事实条件句的真与其前件的真假没有关系，其主要依靠这个反事实条件句的前件与后件在内容上的关联性。而实质蕴涵恰恰与之相反，其真假判断依据的正是前件的真假，其并不涉及这个条件句的前件与后件之间在内容上的关联性。

关于这一点，我们可以从下面的两个反事实条件句的真假判定上看得极其清楚，例如：

1. 如果我是隐身人，那么人人都能看见我。
2. 如果我是隐身人，那么没有人能看见我。

按照实质蕴涵，这两个反事实条件句都是真的，而人们按照常识，一般认为第一个条件句是假的，而第二个条件句是真的。

（2）用实质蕴涵刻画反事实条件句的第二个困境：有些在命题逻辑中有效的推理规则在反事实条件句推理中无效，其中最明显的是命题逻辑中的传递规则（Transitive Rule of Implication）（A ⊃C，C ⊃B；因此，A ⊃B）。

我们知道，在命题逻辑中，传递规则是有效的，如从条件句"如果天下雨，那么地湿"和条件句"如果地湿，那么我们可能会滑倒"是可以合情合理的推出条件句"如果天下雨，那么我可能会滑倒"。

但是，在反事实条件句中，这种传递性推理规则是无效的，下面这个例子来自美国逻辑学家麦考莱《语言逻辑分析》中的一个例子的变形。

前提：如果奥巴马出生于叙利亚，那么他是一个 ISA 的代理人；如果奥巴马是 ISA 的代理人，那么他将为 ISA 提供美国的国防机密。

结论：如果奥巴马出生于叙利亚，他将为 ISA 提供美国的国防机密。

很明显，这个反事实条件句的推理的结论是假的，也就是传导性推理规则在反事实条件句推理中是无效的。

究其原因，我们认为自然语言中的"如果，那么"结构的意思不是总能正确的用实质条件所形式化。特别是只要它们的前件为假，那么这个实质条件句总是真的，而在自然语言中的"如果，那么"的陈述中，如果是直陈条件句，在这种情况下是可以为假的。例如，条件句"如果小明在墨西哥，那么小明在非洲"将典型的被认为是假的。但是，如果小明当前不在墨西哥，则对应的逻辑条件是真的。换句话说，如果条件句"小明在墨西哥"和"小明在非洲"被分别的形式化为命题 A 和 B，你可能不希望第一个蕴涵第二个。不过，如果 A 当前为假，则 A→B 在命题逻辑中是真。

由于把自然语言条件句看作是真值函项的会产生一些反直觉的情况，这也许说明条件句不是真值函项的：一个条件句"如果 A，那么 B"的真值是"如果……那么……"的一个充分条件，但却不是一个必要条件。一些其他的条件也许会对"如果 A，那么 B"的真有要求，因此，"如果 A，那么 B"的否定在没有 A 真和 B 假的情况下也可以为真。

古德曼也认为，如果把反事实条件句依据实质蕴涵来解释，那么反事实条件句会面临一些难题。为了更好地阐明这个问题，古德曼采用了"前件假、后件假"的条件句例子，因为按照真值表，只要一个条件句的前件为假，那么这个条件句就是真的，但是，按照这种思想来处理反事实条件句是有问题的。古德曼举出了一个例子，当我们谈到昨天吃掉的一块未加热的黄油这件事时，可以说：

如果那块黄油曾被加热到 150 ℉，它会熔化。①

---

① ［美］纳尔逊·古德曼：《事实、虚构和预测》，刘华杰译，商务印书馆 2007 年版，第 22 页。

　　按照实质蕴涵真值表，这个反事实条件句是真的，因为它的前件为假。同样，"如果那块黄油曾被加热到 150 ℉，它就不会熔化"也是真的，因为他的前件也为假。而把这两个条件句放在一起是违反人们直觉的。

　　古德曼认为，出现这种情况的原因在于我们该"定义给定的反事实句成立，而具有矛盾结果的相反条件句不成立"。① 对此，他认为：

　　　　这种有关真的标准必须建立起来，以应对这样的事实：按其本性，反事实句不受它的前件的直接经验测验。②

　　　　问题的实质是两个子句之间的某种联结关系；这类语句的真值——不管它们取反事实句的形式还是事实条件句的形式或者其他形式——都不取决于子句的真或假，而取决于预期中的联结关系是否成立。③

　　C. I. 刘易斯对弗雷格、罗素所提出的基于数学原理的外延真值函数逻辑以及把蕴涵理解为实质蕴涵的研究思路并不满意，他认为这种对蕴涵的理解与我们对蕴涵的直觉理解相差太远，相比较而言，实质蕴涵太弱，这种思想应当加强。正如我们上面所表述的，按照实质蕴涵思想，一个形如如果 p，那么 q 的条件句的真值有 p 和 q 的真假决定，$p \supset q$ 等价于 $\sim (p \wedge \sim q)$，并且只有在 p 真 q 假的情况下，$p \supset q$ 才是假的，在其他情况下都是真的。也就是 $p \supset (q \supset p)$ 和 $\sim p \supset (p \supset q)$ 一定是真的，但是，这会产生实质蕴涵怪论。C. I. 刘易斯认为这些所谓的"实质蕴涵悖论"的出现意谓着我们并没有对实质蕴涵提供一个普通蕴涵概念的恰当的认识，他认为一个命题蕴涵另一个命题仅仅是后件可以从前件中逻辑地得出，或者从前件可以演绎出后件。

　　为了准确表述这种思想，1912 年，C. I. 刘易斯在《蕴涵和逻辑代数》一文中定义了严格蕴涵的概念：

---

①　［美］纳尔逊·古德曼：《事实、虚构和预测》，刘华杰译，商务印书馆 2007 年版，第 22 页。

②　［美］纳尔逊·古德曼：《事实、虚构和预测》，刘华杰译，商务印书馆 2007 年版，第 22 页。

③　［美］纳尔逊·古德曼：《事实、虚构和预测》，刘华杰译，商务印书馆 2007 年版，第 23 页。

$$p \rightarrowtail q = df \sim \Diamond \ (p \& \sim q)$$

这里，符号$\rightarrowtail$表示严格蕴涵，$\sim$表示"并非"，"$\Diamond$"表示可能性，这个定义所表述的意思是严格命题在蕴涵一词的严格意义上蕴涵另一个命题当且仅当不可能前件真而后件假。严格蕴涵是一种内涵概念，严格蕴涵的逻辑实际上是一种模态逻辑的形式。实际上，从表述上看，我们不难发现 C. I. 刘易斯所提出的严格蕴涵思想非常接近于麦加拉学派克吕西波（Chrysippus）所提出的一种条件句思想，也就是条件句"如果 A，那么 B"为真不仅仅需要"$p \& \sim q$"为假，而且还需要它是不可能的。

但是，这种理论用于直陈条件句是有问题的，因为会产生严格蕴涵怪论。同样，严格蕴涵理论用于反事实条件句也是有问题的，因为反事实条件句的前件和后件如果存在关系，一般是日常经验或者自然定律之间的联系，而不是我们所认为的逻辑上的必然联系，所以，并非所有的有效反事实条件句都是严格蕴涵的。例如：

如果你欺骗了你的商业伙伴，那么你就是一个卑鄙的人。

显然，上例是一个有效的反事实条件句，但是，这个反事实条件句的前件和后件不是逻辑上的必然联系，而是借助于人们的日常社会经验，这种联系达不到逻辑必然的强度，因此，它不是严格蕴涵的，所以，用严格蕴涵理论来解释反事实条件句也是有问题的。既然刻画一个反事实条件句面临众多的困难，那么，我们该如何刻画一个反事实条件句呢？这是我们下一章要讨论的问题。

第二章　另辟蹊径：覆盖律则的出现

基于上面的分析，我们不难发现，用实质蕴涵理论这种传统进路来解决反事实条件句问题是会碰到极大困难的，尽管这种传统进路在解决简单的直陈条件句时也会面临巨大的困难。为了更好地刻画反事实条件句，学界对此进行了各种不同研究路径的研究，但是，令人遗憾的是，尽管经过多年的研究、讨论和尝试，反事实条件句这个研究领域仍然没有足够的思想能很好地阐释它，那么，产生这种困难的原因在哪里呢？或者说，产生这种问题的根源在哪里呢？对于这些问题，齐硕姆提出了自己的观点，他认为反事实条件句的发展之所以是存在困难的，其中一个主要难题存在于以下的问题：

> 许多反事实（contrary – to – fact）条件句并没有用虚拟语气来表达，而用虚拟语气表达的语句事实上又不是反事实条件句，但是，我们现在所讨论条件句可以用"虚拟条件句"和"反事实条件句"进行相互转换。然而这两个术语都不恰当，但在最近的文献中，人们都使用过这两个术语。①

齐硕姆的这个观点想说明的是反事实条件句的本质问题，也就是如何区分反事实与虚拟的问题，它们的共性和个性是什么。因为只有明确这一点，我们才能准确地刻画反事实条件句。在本章中，我们主要探讨一种解决反事实条件句的路径——覆盖律则（Covering Law）。首先我们会探讨"覆盖律则"的来源，然后再分析"覆盖律则"的载体，最后涉及"覆盖律则"的核心思想，这样做的一个主要目的是厘清什么是"覆盖律则"，并为下一章提供研究的基础。

---

① Chisholm, R. M. (1946), "The Contrary – to – Fact Conditional", *Mind* (55): 289 – 290.

第一节　覆盖律则的萌芽

应用到反事实条件句的"覆盖律则"思想源于拉姆齐（Frank P. Ramsey），拉姆齐是英国著名的数学家、哲学家、逻辑学家和经济学家，在许多科学领域都做出了开拓性的贡献，罗素、摩尔（G. E. Moore）、凯恩斯、维特根斯坦都称赞他的天才。1929 年，他在《普遍命题和因果律》一文中提出了一段刻画条件句的构想，这成为"覆盖律则"的来源。为了更准确地阐述这种设想，我们把拉姆齐的表述引用如下：

> 除非实质蕴涵 p ⊃ q 是真的，那么"如果 p，那么 q"在任何意义中都不为真；一般认为 p ⊃ q 不但是真的，而且在某些没有明确表述的特殊情况中是可推断和可发现的。当"如果 p 那么 q"或者"因为 p，q"（当我们知道 p 为真时，"因为"只是"如果"的一个变项）是值得说明的，即使在知道 p 假或者 q 真的情况下，这一点是很明显的。通常，我们可以对弥尔说"如果 p 那么 q"意谓着 q 是从 p 中推出的，当然也就是从 p 加上确定的事实与没有陈述但可由某些由语境显示的定律所推出的。如果真不是一个预设的事实，这意谓着 p ⊃ q 可以从这些事实和定律推出；所以，尽管这听起来是一种推论，但弥尔的解释不像布兰德利一样陷入循环的困境。当然，得出 p ⊃ q 事实不是逻辑命题，而是事实的描述："它们涉及 p ⊃ q"。①

在这段描述中，我们可以清楚的看到，拉姆齐创设性的提出了一种处理条件句的设想：

> "如果 p 那么 q"意谓着 q 是从 p 中推出的，当然也就是从 p 加上确定的事实与没有陈述但可由某些由语境显示的定律所推出的。②

我们把拉姆齐的这种反事实条件句的思想称为"拉姆齐设想"，正如

① 　D. H. Mellor（ed）（1978），Foundations：Essays in Philosophy，Logic，Mathematics，and Economics. *Atlantic Highlands*，N. J. ：Humanties Press. 144.

② 　D. H. Mellor（ed）（1978），Foundations：Essays in Philosophy，Logic，Mathematics，and Economics. *Atlantic Highlands*，N. J. ：Humanties Press. 144.

学界所描述的，拉姆齐描述了确定一个条件句后件为真的思想。从字面上不难理解，拉姆齐认为一个条件句的前件加上事实以及相关定律就能衍推这个条件句的后件。这种条件句思想与弗雷格、皮尔士、C. I. 刘易斯等人所提出的实质蕴涵、严格蕴涵以及相干蕴涵等条件句思想是截然不同的，与实质蕴涵理论相比，这种思想很好地捕捉到了反事实条件句与我们直觉之间的联系。

正是基于拉姆齐强调"条件句的前件加上相关定律能衍推这个条件句的后件"，所以学界通常把这种处理反事实条件句的思想称为"覆盖律则"，而以"覆盖律则"为理论基点的条件句研究进路则称为语言学进路，之所以称为语言学进路是由于这条进路试图依据衍推和前提这样的语言学概念来说明反事实条件句的真值条件。

但是，令人奇怪的是，在拉姆齐提出这个设想后，很长时间都没有人去研究发展这种条件句思想。最早对这种思想感兴趣的是齐硕姆，他对拉姆齐的这个建议进行了发展，随后，拉姆齐的这种思想忽然间得到了学界的重视，在过去半个多世纪中，一些属于英、美分析哲学传统的哲学家对"覆盖律则"表现出了极大的兴趣，并对此进行了深入的研究，其中包括齐硕姆（1946）、古德曼（Nelson Goodman）（1955）、斯隆（1978）、本内特（Jonathan Bennett）（2003）等人。对这种思想展开热烈讨论的是 20 世纪 40 年代到 70 年代，正如这种思想忽然得到重视一样，在昙花一现以后，由于一些无法解决的问题，导致从 20 世纪 70 年代开始，研究这种思想的学者已经很少了，可以说是寥若辰星。但是，在短短的 30 年中，还是产生了一些令人瞩目的研究成果，代表人物就是美国分析哲学、科学哲学和美学领域的大师级人物，是现代唯名论、新实用主义的主要代表之一——纳尔逊·古德曼，他使得拉姆齐的这种设想真正成为一种较为成熟的反事实条件句研究路径。

从文献上看，古德曼所提出的解决反事实条件句的"覆盖律则"思想实质上与拉姆齐的设想在本质上并无太大的区别，都是一个反事实条件句的前件加上相关定律能衍推这个条件句的后件这种形式。从哲学的角度看，条件句逻辑是重要的，之所以这样说，是因为条件句中的反事实条件句不仅对逻辑学中的推论问题的研究很重要，而且还涉及博弈论、定律、确证等一些科学哲学的问题，对此，古德曼就认为：

> 反事实条件句的分析绝不是小题大做的小语法练习，事实上，如果我们缺乏解释反事实条件的手段，那么我们就很难声称拥有恰当的

科学哲学了⋯⋯相反，对反事实条件句难题的解决将有助于我们回答有关定律、确证（confirmation）和潜力的意义（meaning of potentiality）这些关键问题。①

从文献上看，不管是基于何种研究的路径，当代学者学界对反事实条件句的研究还是很热烈的，由此产生的学术成果也很多，正如我们上面的分析，值得注意的是，当前更多的反事实条件句的研究成果倾向于多学科的交融，这也是反事实条件句发展的一个趋势。

第二节　覆盖律则的雏形

齐硕姆是美国著名的哲学家，在 20 世纪 40 年代，他首先关注到拉姆齐的这种设想，也正是他的这种敏锐的研究视角，使得了拉姆齐的这种设想迅速得到学界的关注，推动了当代反事实条件句的研究，显然，齐硕姆不仅对这种思想进行了解读，而且还对这种反事实条件句思想进行了发展。对于反事实条件句的研究，齐硕姆认为当时学界更多关注的是直陈语气的条件句，而对于反事实条件句的关注是不够的：

> 我们通常把我们知识的有意义的部分表述为虚拟或者反事实条件语句⋯⋯普遍性、蕴涵和"语句命题"理论在最近几年已经得到了发展，这些理论好像只是涉及直陈语句并且对我们通常用虚拟语气表述的语句没有产生充分的规定（provision）。②

对于这种现象的出现，齐硕姆认为原因有很多，但主要的原因是我们对于反事实条件句的分类是模糊的，也就是说，尽管经过多年的争辩，这个研究领域仍然没有足够的证据。对此，齐硕姆总结了这个主要的困难：

> 许多反事实（contrary – to – fact）条件句并没有用虚拟语气来表达，而用虚拟语气表达的语句事实上又不是反事实条件句，但是，我

---

① Nelson Goodman（1947），"The Problem of Counterfactual Conditionals"，*The Journal of Philosophy*，Vol. 44.

② Chisholm，R. M.（1946），"The Contrary – to – Fact Conditional"，*Mind*（55）：289.

们现在所讨论的条件句可以用"虚拟条件句"和"反事实条件句"进行相互转换。然而这两个术语都不恰当，但在最近的文献中，人们都使用过这两个术语。①

但他同时认为，虚拟条件句的发展是存在困难的，难点之一是反事实条件句的研究涉及到一些哲学难题，使得我们的研究会碰到很多的困难：

　　这里，我们的难题是去决定是否存在表述这种重要反事实信息的其他意思。就像我们所看到的，这个问题所包括的哲学难题是形而上学、认识论和一般科学哲学的基础。②

难点之二是我们如何形式化一个反事实条件句，使得反事实条件句的问题能像直陈条件句一样通过形式化能达到简单明了的目的：

　　我们的难题在于呈现一个虚拟条件句形式"(x)(y) 如果 x 和 y 是Ψ，y 会是 x"，使之成为一个表达同样意思的直陈条件句。③

对于反事实条件句与直陈条件句的关系，齐硕姆认为如果我们能断言一个虚拟条件句，那么我们就能断定一个对应的直陈条件句：

　　如果与空（vacuous）实质条件句相应地最初虚拟条件句是真的，那么这会是一个真语句。(当然了，只要我们能断定虚拟条件句，我们也能断定对应的直陈条件句。)④

基于此，在《反事实条件句》一文中，齐硕姆尝试解决虚拟条件句的问题，正如我们前面所表述的，他的反事实条件句思想是受到拉姆齐设想的启发的：

　　现在，让我们详细考虑尝试消除反事实条件句的困难。我们可以从拉姆齐的《普通命题与因果性》一文中得到启发。让我们预设

---

① Chisholm, R. M. (1946), "The Contrary – to – Fact Conditional", *Mind* (55): 289 – 90.
② Chisholm, R. M. (1946), "The Contrary – to – Fact Conditional", *Mind* (55): 289.
③ Chisholm, R. M. (1946), "The Contrary – to – Fact Conditional", *Mind* (55): 289.
④ Chisholm, R. M. (1946), "The Contrary – to – Fact Conditional", *Mind* (55): 300.

我在条件句中的信念"如果你看到这个节目，那么你不会喜欢它的"对暗示你不会喜欢这个节目构成了推论理由。我们可以把这种情况描述为：我感觉你被误导了，因为我有（相信有）这种信息和你看这个节目的假设，我能得出你不会喜欢这个节目的结论。如果你对我的建议有疑问，那么我们之间的不同最可能与这个断定的信息有关。拉姆齐陈述了这个问题的实质：通常，我们可以对 Mill 说"如果 p 那么 q"意谓着 q 是从 p 中推出的，当然也就是从 p 加上确定的事实与没有陈述但可由某些由语境显示的方式的定律所推出的。如果真不是一个预设的事实，这意谓着 p ⊃q 可以从这些事实和定律推出。①

依据拉姆齐的这种思想，齐硕姆提出了一个解决虚拟条件句的思想：

那么，让我们考虑是否一个虚拟条件句或者反事实条件句按照衍推来重新公式化：条件句的前件合取先前的知识储存来衍推这个条件句的后件。②

齐硕姆的这种反事实条件句思想具有两个明显的特征，一是依据言说者内心的考虑；二是没有对"支撑"（tenable）的内容进行限制。我们知道，通过诉诸于言说者的意思以区别语句的意义，我们可以减小问题的范围。当一个人断定一个反事实条件句时，他所说的意思也许接近他所意谓的内容。当语句中出现"这个""它"以及类似的语词时，这种情况就会出现，但这种情况也许会以不明显的方式出现。很多学者强调要把言说者的意图作为紧缩（tighten）前件的资源，用比语词本身的意义更详细的东西来代替它们。齐硕姆在两篇关于反事实条件句的文章中表述了这一点。他的这种思想在 1955 年的《定律语句与反事实推理》中表现得更加明显，在 1955 年的论文中，齐硕姆对言说者的意图给出了更多权利，他让他们在不允许的方式中确定前件。

齐硕姆把反事实条件句 A >B 的真与言说者的心理联系在一起，他没有依据客观限制的支撑。齐硕姆假设当我们断定反事实条件句时，我们经常保守地说前件，把其放在语境来说明我们意指我们前件的更丰富的命

---

① Chisholm, R. M. (1946), "The Contrary - to - Fact Conditional", *Mind* (55): 297 - 298.

② Chisholm, R. M. (1946), "The Contrary - to - Fact Conditional", *Mind* (55): 298 - 299.

题。他说：

> 在简单情况下，我们可以断定单一反事实条件句，因而我们会考
> 虑言说者：（1）正演绎出一个单独假定的后件。即用一个他解释的
> 语句作为定律语句。（2）局部的关注把注意、强调或者传递这种语
> 句的解释作为一个定律语句。①

通过上面的引用，我们不难发现齐硕姆实际上认为反事实条件句与前
件加上定律衍推后件相关，也就是这种支撑不受限制，这暗示 A >C 与
"（A& 定律）衍推 C"有联系，在我们看来支持无处不在。但齐硕姆
又说：

> 从一个人言语的语境，我们通常告诉假设的内容与其他语句的内
> 容和他所关注的相关。他可以说："如果那是黄金，那么它是可铸
> 的"；在这种情况下，它与解释为一个定律语句的语句为"所有黄金
> 是可铸"是相象的；它也与这是他关注强调的语句相象。②

这个对"其他语句"的推理显示齐硕姆认为支持是其中的一部分；
他避免在理论上的说明：通过说所有问题是言说者心理的"其他语句"，
听者通常脱离这种语境，把命题看作合法的"其他语句"，也就是支持中
的合取肢。

这存在两个缺点。首先，这需要断定 A >C 者在心里有支持他所依据
的支持的值。这与我们所接受的绝大多数虚拟条件句冲突。断定或者接受
A >C 的人也许没有心理或连接支持的相关值。但这并不是问题（除了齐
硕姆以外，因为全部的问题在于需要相信或意谓存在一个符合确定约束的
支持值以适合 A，定律和 C 适合。我完全确定如果我再按下按钮，红灯就
会再亮一次。然而我没有任何使这个条件句为真的电路知识。我的条件句
思想包括这种符合确定限制事实的信念，并且这个事实存在一个支持值；
这再次引出这个理论难题，限制的内容适合齐硕姆的处理。

其次，在没有讨论发生支持的权利的情况下，齐硕姆暗示言说者的其

---

①　Chisholm, R. M. （1955）, "Law Statements and Counterfactual Inference", *Analysis* （15）:
101.

②　Chisholm, R. M. （1955）, "Law Statements and Counterfactual Inference", *Analysis* （15）:
102.

他语句可以合法的依据来断定 A >C，这是没有限制的。从论证的角度看，我们可以同意他的观点，言说者的心理状态部分确定支持的相关值，难道对这种确定适合的进行就没有限制吗？

齐硕姆暗示这种情况不存在。它的例子不包括这种支持概念，因为它仅仅关注了独立虚拟条件句，在这里，C 被认为是由没有诉诸于任何特殊事实问题的（A& 定律）得到的。齐硕姆这种实质条件句处理展示了一种反事实，一种"你实际上认为完全可以"的态度，他不得不对独立条件句继续存在，也就是支持中的合取包括。

但是，在没有讨论发生支持的权利的情况下，齐硕姆又暗示言说者的其他语句可以合法的依据来断定反事实条件句 A >B，这是没有限制的。对此，齐硕姆举出下例作为说明：

（1）所有黄金都是可铸的。（2）没有铸铁是可铸的。（3）没有东西既是铸铁又是黄金。（4）没有东西即是可铸的又是不可铸的。（5）那是铸铁。（6）那不是黄金。（7）那不是可铸的。我们可以在他所断定的三种有相同前件的不同反事实语句中比较三种不同的情况。

第一，需要指出的是，对于一个物体而言，它的听者不知道那是黄金并且不知道那不是黄金，他断定"如果那是黄金，它不是可铸的"，在这种情况下，他正在假设否定（6）；他正在拒斥他的预设（5）、（6）和（7）；并且他在强调预设（1）。

第二，需要指出的是，对于一个物体，他断定他和他的听者都同意那是铸铁，"如果那是黄金，那么某些黄色的物体不是铸铁"。他又在假设否定（6）；他在拒斥（1）和（6），但是他不再拒斥（5）和（7）；并且他在强调（5）或者（2）。

第三，他断定"如果那是黄金，那么某些物体都是铸铁并且都不是铸铁"。他又在假设否定（6）；现在他在拒斥（3），但是不拒斥（1）、（5）、（6）和（7）；他现在强调（1）、（2）或者（5）。①

但是，齐硕姆的这种表述存在太多的问题。例如，当我们把（1）和（7）视为真时，我们不能说（6）是假的，只能把（4）的否定作为结

---

① Chisholm, R. M. (1955), "Law Statements and Counterfactual Inference", *Analysis* (15): 103.

果。也就是说，当 A 和 B 都不可能为真时，我们是可以探讨 A >B 是否可以非平凡的为真，但是对于"如果 A 真而 B 不真时，那么 A >B 不能为真"的问题，实际上已经超出了我们所探讨的范围。

对于这种情况，本内特就认为："齐硕姆或许可以解释，在这种情况下 A 实际上是不可能为真的。说'如果那是黄金，那么有些黄金可铸又不可铸'的言说者正在保守地说前件，他真正的意思就是'如果它们（当保留它们都是不可铸的时）是黄金（因而是可铸的）……'，这是不可能的，所以我们能把它与一个不可能为真的后件结合得到一个真条件句。但是这并不是告诉我们做，我们没有更直接的方法处理反逻辑条件句：除非他们制造了特殊的规定，否则会失控；如果言说者就像齐硕姆所说的那样来断定这种情况，那么这是令人不能容忍的。"①

对于齐硕姆错误的对言说者的提议的其它选择，其问题与上述论述类似。齐硕姆假设承担虚拟条件句真的"其他语句"是言说者的心理。看到这种情况可以帮助我们理解言说有所需要记住的内容是极少的：他所需要记住的仅仅是存在满足确定条件句的真合取 A 衍推 C 的思想。齐硕姆的思路帮助我们扩大量化的需要，这种问题仍然是我们所面临的。因此，对支持理论而言，得到一个好的反事实条件句 A >B 的分析的难题是说测验一个事实为真的难题必须经过量化为支持中的合取肢，然而，存在许多产生这种结果的方式，在这些方法中，我们的选择会影响我们评价一个特殊的虚拟条件句。

齐硕姆的这种想法从表面上看是毫无问题的，但是在具体操作起来，却存在一定的困难，因为齐硕姆把反事实条件句的真与言说者的知识储存联系在一起，这存在两个缺点。首先，这种思想需要断定一个反事实条件句的人在心理上存在支持他所依据的支持值，这与我们所接受的绝大多数反事实条件句冲突，因为断定或者接受这个条件句的人也许没有心理相关值。其次，在没有讨论怎样才能产生支持的情况下，齐硕姆暗示言说者的其他语句可以合法的依据事实来断定一个反事实条件句，这是没有限制的。从论证的角度看，我们可以勉强同意他的观点，因为毕竟言说者的心理状态可以确定它部分的支持相关值，但是，这仅仅是部分，而不是全部，所以，齐硕姆的这种要求太强了。当然，从内容上看，我们不难发现齐硕姆的这种基于拉姆齐设想的反事实条件句研究路径已经具备覆盖律则的雏形。

---

①　Bennett, J. (2003), *A Philosophical Guide to Conditionals*, Oxford University Press. 307.

第三节　覆盖律则的形成

要想厘清覆盖律则的形成，就不得不提到"相关条件难题"，古德曼正是在解决"相关条件难题"时，提出了覆盖律则的核心思想——共支撑理论。因此，探讨覆盖律则的形成，古德曼本人对这一问题的论述是绕不开的，因为他首先对这一问题进行了深入的分析。古德曼对这一问题的分析类似于迭代的方法，也就是重复反馈过程的活动，其目的是为了逼近所需目标或结果，每一次对过程的重复称为一次"迭代"，而每一次迭代得到的结果会作为下一次迭代的初始值。我们先依循这一分析来考察古德曼对这一问题层层论证的基本结构。

无论是拉姆齐的设想还是齐硕姆的研究路径，这两种思路的核心都是认为一个反事实条件句 A > C 是真的当且仅当 A 加上某些其他的相关前提衍推 A。从直观上看，这个反事实条件句的后件 C 是由（前件 A& 定律 & 世界实际状况的描述）得到，这是很自然的，好像根本就不需要来界定相关条件。

我们为什么可以认为在这种研究路径中不需要界定"相关条件"问题？主要是因为和语言学进路平行的一种反事实条件句的研究进路，可能世界进路也引入了大量不相干的条件，并且清楚地分清了它们，并且，这种不相关条件对可能世界这种研究进路不会造成伤害，因此，相关条件也就被忽视了。关于这一问题，本内特就指出：

> 世界的理论者会说"如果你拔掉电脑的电源插头，它并不会被突然的断电所损害"这个条件句的真值取决于，在某个时刻下得到在一个确定的像 α 的世界…仅仅像 α？相对于亚特兰大的沙丁鱼的数量，西藏的高山百合的平均颜色，冰岛的最小岩石湖泊的盐度，世界更类似于 α？这些与上面的计算机的例子有关吗？显然无关，但世界理论引入它们是因为它们有太多的问题而不去保留——最关键的一点是——它们没有害处。①

显然，本内特所讨论的这一问题对反事实条件句的可能世界研究路

---

① Bennett, J. (2003), *A Philosophical Guide to Conditionals*, Oxford University Press. 307

径没有伤害，但是对语言学进路是有害的，因为如果这些真语句中有一个语句是对前件的否定，那么我们就可以从前件和所有真语句中推导出任何东西。这会使得我们无法区分真反事实条件句和假反事实条件句，也就是它们不能导致无法取得真值的条件句存在。古德曼认为即使我们认为后件必然从某个真语句集合与前件的合取中导出，我们的境况也显然不会好转：

> 因为对于给定的任何反事实前件 A ，总是存在一个集合 S ，即包含"非 A "的集合，使得从 A ·S 中可导出任何后件。①

问题出现在条件句前件的集合可能会含有与前件相矛盾的语句，那么，从表面上看，解决这一问题的核心就是排除与条件句的前件不相容的语句，如果做到这一点，我们就可以认为覆盖律则没有问题了。但是，仅仅做出这样的限制还是不行的。古德曼就认为即使排除与前件逻辑不相容的语句，也不能解决这个问题。因为存在一种情况，那就是语句与前件相容，但是这个语句所描述的事实却不存在，根据这种思路，即使语句与条件句的前件相容，那么我们也可以从反事实条件句的前件和给定的集合 S 推出任何后件，对此，古德曼举出了一个水箱的例子：

> 如果那个（汽车的）水箱（radiator）结冰了，它就会破裂。在诸真语句中可以有这样的语句（S）：那个水箱的温度从未低于 33 ℉。现在作为真的概括我们既有：结冰但从未低于 33 ℉的所有水箱会破裂，也有：结冰但从未低于 33 ℉的所有水箱不会破裂；因为不存在这样的水箱。②

因此，古德曼认为从反事实条件句的前件和给定的 S，即使这个给定的 S 与前件相容，我们也可以推出任何后件。正如在这个例子中，我们借助于这一思路，可以得到两个矛盾的结论：（1）水箱破裂了；（2）水箱没有破裂。这显然是违反我们的初衷的。

---

① ［美］纳尔逊·古德曼：《事实、虚构和预测》，刘华杰译，商务印书馆 2007 年版，第 28 页。

② ［美］纳尔逊·古德曼：《事实、虚构和预测》，刘华杰译，商务印书馆 2007 年版，第 28 页。

1. 古德曼迭代解决方法一：限制空定律（empty law）

产生上述问题的原因在于现实世界中根本就不存在这种水箱，也就是不存在的事实，即空的。显然，这给了我们一个解决问题的提示，要解决上述问题，除了要限制与前件不相容的语句，还要限制 S 中不存在的事实。正是根据这一点，古德曼提出了限制空定律（empty law）的方法来解决这一问题，他规定：

> 联结关系只能根据形如"所有的 x 都是 y"的原理并且当存在某些 x 时建立起来。①

这种形式化的表述确实能够限制不存在的事实，可以说方法也是简单的，仅仅在原有思路的基础上添加了一个限制，并且也具备实际操作的空间，因为一个成熟的理性主体是具备判断一个语句所描述的事实是否是存在和不存在的。但是，仅仅限制空定律对于解决这一问题也是不足够的。因为即使我们把空的定律都排除了，还是会出现可以和水箱一样的推出任何后件的问题。对此，古德曼就指出：

> 任何东西，或者是一个结冰的水箱但温度并未低于 33 ℉，或者是一个肥皂泡，破裂了；任何东西，或者是一个结冰的水箱但温度并未低于 33 ℉，或者是炸药，没有爆炸。②

显然，古德曼所描述的情况是存在的，也就是说，即使我们在原来的基础上限制了空事实，也无法解决上述问题，因为正如在这个例子中，我们借助于这一思路，也可以得到两个矛盾的结论：（1）水箱破裂了；（2）水箱没有破裂。这显然是违反我们的初衷的。也就是从反事实条件句的前件和给定的 S，我们可以推出任何后件，因此，上述限制是无效的。

2. 古德曼的迭代解决方法二：界定相关条件

在限制与前件不相容的语句以及空事实都无效的情况下，我们如何来

---

① ［美］纳尔逊·古德曼：《事实、虚构和预测》，刘华杰译，商务印书馆 2007 年版，第 29 页。

② ［美］纳尔逊·古德曼：《事实、虚构和预测》，刘华杰译，商务印书馆 2007 年版，第 29 页。

解决这一问题呢？显然，从上面的例子中我们不难发现，产生上述问题的原因在于现实世界中炸药和肥皂泡与水箱之间的相容性出问题了，因为肥皂泡和炸药与结冰的水箱之间在逻辑关系上联系是不紧密的，也就是相容性的界定出问题了。正是根据这一点，古德曼提出了界定相关条件来解决相容性的问题，他规定：

> 把它们界定为与 A 既是逻辑上相容又是非逻辑上相容的所有真语句的集合，其中非逻辑不相容（non‐logical incompatibility）是指对非逻辑定律的违反。①

这种限制确实可以避免上述肥皂泡以及炸药而带来的产生矛盾后果的问题，但是，仅仅做出这种限制也还是不够的，因为这会出现另一个难题：前件与每一个真语句相容，真语句之间也相容，但是，把这些真语句与前件合在一起，却是假的，这是会产生推出任何后件的问题，对此，古德曼举出了一个关于"卡罗来纳"地名的例子，这个例子清楚地说明了这一问题：

> 在一个由"如果琼斯在（were）卡罗来纳……"起始的反事实句中，前件完全兼容于"琼斯不在（is not）南卡罗来纳"以及"琼斯不在（is not）北卡罗来纳"以及"北卡罗来纳加南卡罗来纳等同于卡罗来纳；"但是所有这些连同前件一起构成一个自相容的集合，再次使得任何后件都成为可能。②

根据古德曼的这个例子，我们即使做出上述限制，也不能解决实质问题。也就是说，如果我们仅仅要求"真语句的集合 & 反事实条件句的前件相容 & 定律"衍推后件是远远不够的，因为可能会造成依据这一思路得到两个反事实条件句不能全部为真：

> "如果琼斯在卡罗来纳，他就会在南卡罗来纳"以及反事实句

---

① ［美］纳尔逊·古德曼：《事实、虚构和预测》，刘华杰译，商务印书馆 2007 年版，第 29 页。

② ［美］纳尔逊·古德曼：《事实、虚构和预测》，刘华杰译，商务印书馆 2007 年版，第 29—30 页。

"如果琼斯在卡罗来纳，他就会在北卡罗来纳。"①

显然，这两个条件句的前件是相同的，但是，这两个条件句的后件却是不相容的，从现实世界来看，这两个条件句的后件所描述的事实只可能有一个是真的，它们不可能全部为真，因为南卡罗来纳和北卡罗来纳是矛盾的。

3. 古德曼的迭代解决方法三：进一步精确界定相关条件

显然，上述对真语句的界定是不严密的，这会导致得出矛盾后件的情况，基于此，我们不难发现产生上述问题的原因在于没有对真语句进行进一步的精确界定，正是根据这一点，古德曼提出了进一步界定相关条件来解决这一问题，他规定：

> 把为真的反事实句刻画成当且仅当存在真语句的某个集合 S，使得 $A \cdot S$ 自相容并且根据定律可以导出后件，而同时要求不存在这样的集合 S'，使得 $A \cdot S'$ 自相容并且根据定律可以导出后件的否定。②

古德曼所作出的上述这种限制的努力，确实可以解决"卡罗来纳"地名这种例子的问题。但是，仅仅做出这种限制还是不够的，因为这会出现另一个难题：在真语句的集合中，可能会出现后件的否定的语句。在这种情况下，会出现两种结果，一种结果是无害的，另一种结果是有害的。

第一种情况是：反事实条件句后件的否定与反事实条件句的前件不相容。这种情况对这个解决问题的路径不会产生伤害，因为我们可以借助于"真语句的集合 & 反事实条件句的前件 A& 定律"就可以衍推后件 C，这是没有任何问题的。

第二种情况是：反事实条件句后件的否定与反事实条件句的前件相容。这种情况对这个解决问题的路径会产生伤害，因为会出现"后件 C 的否定 & 反事实条件句的前件 A& 定律"衍推出后件 C 的否定。

对于这种情况，古德曼就指出：

---

① ［美］纳尔逊·古德曼：《事实、虚构和预测》，刘华杰译，商务印书馆 2007 年版，第 30 页。

② ［美］纳尔逊·古德曼：《事实、虚构和预测》，刘华杰译，商务印书馆 2007 年版，第 31 页。

如果我们取 ¬C 作为我们的 S，合取 A·S 将会给出 ¬C。因而，我们建立起来的判据将很少被满足；因为既然 ¬C 通常与 A 相容。①

显然，古德曼所描述的这种情况在现实世界中是存在的，因为从现实世界来看，这两个句子也是只有可能有一个是真的，它们不可能全部为真，也就是说，仅仅做出上述的限制，我们还是无法彻底解决依据拉姆齐的设想而形成的这条路径所遇到的困难，因为借助于上述的这一限制解决路径，我们既可以得到条件句的后件 C，也可以得到条件句的后件 C 的否定，显然，"后件 C"和"后件 C 的否定"也是矛盾的。

4. 古德曼的迭代解决方法四：前件 A 与真语句集合 S 自相容

产生上述问题的原因在于没有考虑真语句集合 S 与前件 A 相容的问题，所以，一个完整的反事实条件句理论要同时通过刻画真语句集合 S 与后件 C 以及后件 C 的否定都相容，正是基于这一解决思路，古德曼提出了进一步修正这一解决问题的路径，也就是：

（一个）反事实句是真的，当且仅当存在真语句的某个集合 S，使得 S 与 C 和 ¬C 相容，并且使得 A·S 是自相容的并通过定律导出 C；但不存在与 C 和 ¬C 相容的集合 S′，使得 A·S′ 是自相容的并且根据定律导出 ¬C。②

但是，仅仅要求前件 A 与真语句集合 S 自相容还是不能完全解决反事实条件句所面临的问题，因为真语句集合 S 中可能会包含"与 A 相容，但如果 A 为真它们可能不为真"的语句。也就是：（真语句集合 S）&A&（A 真）衍推出"真语句不真"，这很明显是有问题的。对于这种情况，古德曼给出了一个例子：

对于给定的火柴 m，我们会断言，（i）如果火柴 m 曾被摩擦过，

---

① ［美］纳尔逊·古德曼：《事实、虚构和预测》，刘华杰译，商务印书馆 2007 年版，第 31 页。
② ［美］纳尔逊·古德曼：《事实、虚构和预测》，刘华杰译，商务印书馆 2007 年版，第 32 页。

它就会点燃，但是会否定，（ii）如果火柴 m 曾被摩擦过，它就不会是干燥的。①

从相同的前件"火柴 m 曾被摩擦过"，我们可以得出两个悖论性的结论：火柴会点燃和火柴不是干燥的。显然，这两个结论不可能同时成立，如果同时成立的话，我们会肯定一个而否定另一个，因为按照日常生活常规，潮湿的火柴是不能被点燃，如果我们断定（ii），火柴被摩擦，火柴不干燥，按照再加上氧气充足等相关条件，我们很容易得出火柴不会被点燃。但是，古德曼认为，如果根据我们上述解决问题的思路，语句（ii）是可以与语句（i）一样，都为真。因为：

在语句（ii）的情形中可以把真语句"火柴 m 没有点燃"当作我们 S 中的一个元素，其中此真语句被认为与 A 相容（否则的话不可能要求任何语句连同 A 一起导出真的反事实语句（i）之后件的对立面）。对于我们总体的 A·S，我们有"火柴 m 被摩擦了。它没有点燃。它制作完好。氧气充足……等等；"并且据此，根据合法的一般定律，我们能够推断"它不是干燥的。"②

通过这种解决问题的路径，我们把一个确定为假的反事实条件句"如果火柴 m 曾被摩擦过，它就不会是干燥的"得到其为真，这很明显是有问题的。

5. 古德曼的迭代解决方法五：共支撑思想

古德曼认为，产生上述问题的原因在于：

在我们的 S 中包含了一个真语句，此真语句尽管与 S 相容，但是若 A 为真它则不真。相应地，我们必须从相关条件集合中排除这类语句。③

---

① ［美］纳尔逊·古德曼：《事实、虚构和预测》，刘华杰译，商务印书馆 2007 年版，第 32—33 页。

② ［美］纳尔逊·古德曼：《事实、虚构和预测》，刘华杰译，商务印书馆 2007 年版，第 33 页。

③ ［美］纳尔逊·古德曼：《事实、虚构和预测》，刘华杰译，商务印书馆 2007 年版，第 34 页。

为了解决这个问题，古德曼提出了"共支撑"的思想：

　　S 除了满足已经列出的其他要求外，还必须不但与 A 相容而且与 A 是"联合支撑的"（jointly tenable）或者与 A "共支撑的"（cotenable）。A 与 S 是共支撑的，并且合取 A·S 是自我共支撑的，如果不是这种情况："若 A 为真则 S 不为真。"①

到此为止，古德曼通过迭代式的论证，得出一个反事实条件句为真的条件，这种条件句是基于"共支撑"思想或者"联合支撑"思想，这种思想的主要作用在于排除与前件相结合的集合的相容性问题，之所以把这种思想称之为"覆盖律则"也是基于这个原因，我们认为这种源于拉姆齐设想的覆盖律思想也面临众多困难，这种困难我们将在下一章进行讨论。

第四节　覆盖律则的特点

　　从研究文献上看，学界反事实条件句的研究主要存在两条进路，一条进路是上一章我们提到的可能世界进路，这条进路主要借助可能世界的观念来刻画反事实条件句；另一条进路是语言学进路，这条进路主要借助于"覆盖律则"来解释反事实条件句。那么，与可能世界进路相比，覆盖律则具有何种特点呢？从上文不难发现，这两种理论的区别并非像表面上那么明晰，因为这两种理论中的每一个都可以其他的术语来表达，这些术语都只是反映了这个理论的一个方面，但却不是准确地描述这个理论，因此，从名称上，我们实际上是无法直接区分这两种理论的。那么这两种理论如何区分呢？它们之间有共性吗？在本节中，我们会借助于覆盖律则与可能世界进路的区别来分析其独有的特点。

1. 覆盖律则与可能世界进路的共性

可能世界进路与语言学进路之间的差异是很明显的，但是，这并不能

---

① Nelson Goodman（1947），"The Problem of Counterfactual Conditionals"，*The Journal of Philosophy*，Vol. 44，120.

说这两条进路就完全不一致，其实，它们之间还是存在一些共性，从本质上看，这两种理论存在着相同的地方，在这个问题上本内特的分析具有一定的合理性。

（1）这两种理论都利用了逻辑后承这个逻辑概念①。

本内特认为，按照古德曼的分析，其语言学进路是在分析反事实条件句时把 A >C 的真与 C 为一个确定命题（A 是其中的一个合取肢）的逻辑后承连在一起。

本内特认为，按照可能世界的进路，我们也可能用逻辑后承的概念来表述：存在一个确定的命题合取，A 是其中的一个合取肢，C 为它们的逻辑后承。因为按照可能世界的观点，任何一个可能世界集合 W，都有一个命题在每一个世界 W 都是真的，而不在其它世界为真。

（2）这两个理论似乎都能用"可能世界"的概念来表述，尽管不是那么准确②。

本内特认为按照可能世界的观点，只有在所有属于 A 的世界 W 中，C 为真，A >C 才是真的。也就是 A 在每一个属于 W 的世界中 C 是真的。这是具有代表性的刘易斯的可能世界的观点，其显然借助了世界这个概念。

令人困惑的是，可能世界进路在本质上也可以借助于"世界"的概念来表述。我们知道，语言学进路认为（A& 定律 & 满足确定限制的其他命题）衍推 C，A >C 为真。在本质上，我们也可以把这些限制命题用世界的概念来描述，如果是这样，我们也可以把古德曼的语言学进路用世界的概念表述为：只有在所有限制命题的世界中，合乎定律的 A 命题衍推 C，那么 A >C 为真。

2. 覆盖律则与可能世界进路的区别

尽管这两种研究路径存在着一些共性，但是，这两种研究路径之间的差异还是很明显的，这主要体现在如下几个方面。

（1）尽管支持语言学进路的学者有时也会使用"可能世界"这个术语，但其目的主要在于把可能世界作为一种辅助解释，而没有把可能世界这种思想贯穿他们理论的核心，之所以把这条进路称之为"可能世界进

---

① 具体内容参见 Bennett, J. （2003），*A Philosophical Guide to Conditionals*，Oxford University Press. 303。

② 具体内容参见 Bennett, J. （2003），*A Philosophical Guide to Conditionals*，Oxford University Press. 303。

路"，是因为这条进路使用了语言学中的衍推这一概念。

（2）本内特认为语言学进路要想完全匹配可能世界进路，那么就要考虑所有的逻辑可能世界，然而可能世界进路似乎仅仅考虑形而上学的可能世界，这在量上是不一致的。按照可能世界进路的观点，所有可想象的世界都实际存在，那么某些反事实条件句的真值将取决于是否某些可描述的和可想象的情况，其实际存在于任何一个形而上学的可能世界中，或者不存在其中。①

（3）本内特认为覆盖律则理论可以用说明独立条件句的方式来说明非独立条件句。可能世界理论除了适用于标准的非独立条件句以外，还适用于反法则情况，如次协调性及如何调整世界理论。但是，反法则和独立条件句的问题对于反事实条件句而言，不是其本质问题。②

（4）除此之外，这两种研究进路还存在一些其他的区别，对于这个问题，本内特进行了分析，他认为这两条进路之间还是存在区别的，主要的区别在于，可能世界进路借助了"世界接受"这个术语，而语言学进路则不能借助于这个术语。

　　　　刘易斯的理论：正如我所指出的，一个刘易斯类型的理论可以依据 C 由一个确定命题所限制，这好像暗示这种分析并没有使用世界接受这个概念。但它并没有暗示这一点，因为我们没有其他方式描述问题中的命题的特征，除非借助于其为真的世界来描述。

　　　　古德曼的理论：当古德曼的理论把 A＞C 的真与 C 由确定的复合命题 A&P 所衍推这一点连接起来时，我们也可以把这一点表述为 C 在 AP 世界类中为真。但是与主要问题的思路而言，这种表述是一种无关紧要的表述。在初始阶段使用世界接受这个概念描述命题的特征是困难的；因此，其主要的不同是：在刘易斯理论中出现的需要世界的元素在古德曼类型的分析中是没有的。③

根据上述的分析，我们可以总结出覆盖律则的独有特点：

（1）覆盖律则是借助于定律来协助判断一个反事实条件句是否为真的，在这个过程中，如何界定什么东西可以称之为定律以及哪些定律可以用于一个具体的反事实条件句是需要界定的，这些定律要覆盖整个反事实

---

① Bennett, J. (2003), *A Philosophical Guide to Conditionals*, Oxford University Press. 304.

② Bennett, J. (2003), *A Philosophical Guide to Conditionals*, Oxford University Press. 304.

③ Bennett, J. (2003), *A Philosophical Guide to Conditionals*, Oxford University Press. 304.

条件句的前件所牵涉到的条件，到底一个反事实条件句的前件和多少定律相关，我们认为这个量是很难确定，但是有一点是确定的，那就是要涵盖所有的与前件相关的内容。

（2）覆盖律则要求与前件相关的定律与内容要与前件相容，这种要求也是覆盖律则的一个显著的特点。

（3）覆盖律则要求与前件相关的内容要与前件"共支撑"，所谓的共支撑也就是我们在选择定律与相关事实的一条重要的标准，这条标准可以防止出现"stand－off"条件句，也就是一对相互矛盾的条件句。

第三章　逻辑困境：覆盖律则面临的难题

反事实语言学理论的基本思想是反事实条件句 A > C 是真的当且仅当 A 加上某些其他的相关前提衍推 A，正如我们上一章所讨论的，这个理论被齐硕姆和古德曼所推崇。语言学的标签来自这个理论试图依据衍推和前提这样的语言学概念来说明反事实条件句的真值条件。戴维·刘易斯（David Lewis）就把古德曼的理论称为反事实条件句的"元语言学"理论，因为古德曼的理论在解释 A > C 的真值条件时使用了"语言学的实体（entity）——论证和它们的前提"。①

古德曼认为这条研究进路主要存在两个难题，第一个难题是"相关条件难题"。

> 因此，这种可以认为，我们所断言的联结关系，可以视为把后件与某种合取联接起来，而此合取是前件和其它语句之合取，其中其它语句真实描述了相关条件，特别要注意，我们对反事实条件句的断言，并不以这些境况的成立为先决条件。我们并不是断言，如果境况成立反事实条件句才为真，而是在断言反事实条件句时，我们承诺描述所要求的相关条件的诸语句确实为真。第一个重要难题是界定相关条件：描述把什么样的句子与前件组合成一种合取，形成一个基础，从中推导出后件。②

与第一个难题相关，古德曼认为这条研究进路第二个难题是"定律的界定难题"。

> 但是即使专门性的相关条件已经刻画清楚了，联结关系之成立通

---

① David Lewis, (1973), *Counterfactuals*, Mass. , Harvard University Press, 66.

② ［美］纳尔逊·古德曼：《事实、虚构和预测》，刘华杰译，商务印书馆 2007 年版，第 27 页。

常也不会是一种逻辑必然关系。容许从"火柴被摩擦了，火柴足够干燥，氧气足够，等等"推导出"火柴点燃了"的原理，并不是一条逻辑定律，而是我们所说的自然定律、物理定律或者因果定律。第二个主要难题涉及对这类定律的界定。①

正如古德曼《在事实、虚构和预测》一文中提到的，语言学这条进路碰到的最大困难是"相关条件难题"和"定律"难题，那么，我们如何来看待这一问题呢？

第一节　覆盖律则与相关条件难题

由齐硕姆和古德曼所提出的覆盖律则，其基本思想是一个反事实条件句 A ＞ C 是真的当且仅当这个反事实条件句的前件 A 加上定律以及某些其他的相关前提衍推 C。从表面上看，诉诸于简单化的这个反事实条件句的研究进路好像很好地捕捉到了我们的直觉。正如古德曼的典型例子：

如果火柴已被摩擦了，它就会被点燃。

当我们在说这个条件句的时候，我们所表示的意思是"火柴点燃"这个后件，可以从前件"火柴已被摩擦"加上定律和其它的相关背景条件前提衍推出来。这些相关的支持条件前提是很完备的，如包括火柴制作完好、火柴是干燥的、氧气充分等等，以至于火柴被点燃可以从火柴已被摩擦衍推出来，这些条件真实地描述了相关条件。

但是，如何界定相关条件？产生条件之间相干的基础是什么？什么样的语句与反事实条件句的前件合在一起，能够衍推出后件？例如，火柴由中国制造的，那么其产生的条件是什么？为了一个唯一的分析或者说明的目的，任何覆盖律则进路都要提供相干添加特性的原则方式。这就是古德曼所说的"相关添加难题"。

1. 最初的分析

最明显的"相关条件难题"是这些相关的真语句集合中如果有一个

---

① ［美］纳尔逊·古德曼：《事实、虚构和预测》，刘华杰译，商务印书馆 2007 年版，第 27 页。

语句与反事实条件句的前件不相容，那么我们就可以衍推出任何语句。也就是说，任何后件都会从矛盾中推出，这显然是不能让人忍受的。为了解决这个问题，这就要求添加的真语句要与前件相容，同时，这个添加的真语句也必须与后件的否定兼容，前件和定律在这个衍推过程中并不重要。对此，古德曼采用的类似于迭代的方法来解决这一问题。

根据上述的要求，古德曼因此提出了如下分析：

> 把为真的反事实句刻画成当且仅当存在真语句的某个集合 S ，使得 $A \cdot S$ 自相容并且根据定律可以导出后件，而同时要求不存在这样的集合 S' ，使得 $A \cdot S'$ 自相容并且根据定律可以导出后件的否定。①

也就是说，古德曼认为一个反事实条件句如果是真的，当且仅当存在真语句的某个集合 S，使得 S 与 C 和¬C 兼容，并且使得 A · S 是自相容的并通过定律导出 C；但不存在与 C 和¬C 相容的集合 S′，使得 A · S′ 是自相容的并且根据定律导出¬C。在这里，"不存在与 C 和¬C 兼容的集合 S′，使得 A · S′ 是自兼容的并且根据定律导出¬C"是必要的，因为这个添加即承认了一个反事实条件句为真，同时又排斥了互否（stand – off）条件句的出现。使得 S 与 C 和¬C 兼容，并且使得 A · S 是自兼容的并通过定律导出 C 这个条件可以保证形如"如果火柴已被摩擦了，它就会被点燃"经典例子成立。

我们可以通过图解详细看到这一点。我们把"如果火柴已被摩擦了，它就会被点燃"这个条件句的前件视为 A，后件视为 C，相关条件真语句集合为 S，那么，上述衍推过程可以表述为：

A：火柴被摩擦。
S：火柴是干燥的、火柴制作完好并且氧气充足。
C：火柴被点燃了。

这里，反事实条件句的（前件 A&S& 定律）衍推后件 C。然而，进一步思考我们会发现古德曼的上述分析不是充分的。通过古德曼的下述例子，我们能清楚地看到这一点：

---

① ［美］纳尔逊·古德曼：《事实、虚构和预测》，刘华杰译，商务印书馆 2007 年版，第 31 页。

如果火柴被摩擦，那么它不是干燥的。

在这种情况中，按照上述的研究进路，我们可以得到：（火柴被摩擦 & 火柴没有被点燃）是因果逻辑相容，所以，（火柴被摩擦 & 火柴 M 没有被点燃 & 其他的定律）衍推火柴不是干燥的。因此，我们不得不说"如果火柴被摩擦，那么它不是干燥的"也是真的。

这显然是有问题的，因为火柴不可能既是干燥的又是不干燥的，这就要求"如果火柴已被摩擦了，它就会被点燃"视为真，不仅仅是因为如果火柴被摩擦那么它会燃烧这一点是真的，而且还因为如果火柴被摩擦那么它就不是干燥的，这一点为假。

2. 共支撑思想

存在的难题是，按照上述的分析思路，在如果火柴已被摩擦了，它就会被点燃"中的相容条件的限制不够强，导致把"如果火柴被摩擦，那么它不是干燥的"这种为假的条件句视为真的。我们可以很容易看到存在的麻烦是由下述原因引起的：S 包括的一个真语句，不管其意指什么，尽管与 A 相容，但与 S 的其他语句不相容的事实。因而，我们需要清除这样一种来自相干条件集合的不相容语句。

在我们的 S 中包含了一个真语句，此真语句尽管与 S 相容，但是若 A 为真它则不真。相应地，我们必须从相关条件集中排除这类语句。①

所以，古德曼要求不仅仅要与 A 兼容，还要与 A "共支撑"。古德曼区别了与前件共支撑的真语句和与前件不共支撑的真语句。例如，在"如果火柴被摩擦，那么它不是干燥的"中，火柴制作完好、火柴干燥和氧气充足与 A 是共支撑的；而火柴没有燃烧与 A 就不是共支撑的。那么，究竟什么样的语句是与 A 共支撑的真语句？很明显，定义共支撑的相关标准是反事实条件句的语言学进路主要难题中的一个。按照这种解释，古德曼的反事实条件句进路可表示为：

---

① ［美］纳尔逊·古德曼：《事实、虚构和预测》，刘华杰译，商务印书馆 2007 年版，第 34 页。

　　S 除了满足已经列出的其他要求外，还必须不但与 A 相容而且与 A 是"联合支撑的"（jointly tenable）或者与 A"共支撑的"（cotenable）。A 与 S 是共支撑的，并且合取 A·S 是自我共支撑的，如果不是这种情况："若 A 为真则 S 不为真。"①

　　也就是说，一个反事实条件句 A >C 是真的，当且仅当存在某些条件 S 使得 S 与 A 共支撑，并且在与 A 和定律的合取中衍推 C；但是不存在条件 S′ 使得 S′ 与 A 共支撑，并且在与 A 和定律的合取中衍推 C。这个研究进路与最初的研究进路"反事实句是真的，当且仅当存在真语句的某个集合 S，使得 S 与 C 和¬C 相容，并且使得 A·S 是自兼容的并通过定律导出 C；但不存在与 C 和¬C 相容的集合 S′，使得 A·S′ 是自相容的并且根据定律导出¬C"相比较，没有了"C 和¬C 相容的集合 S′"的条件，因为这个条件对于给出的共支撑条件而言已经多余。

3. 共支撑思想的后遗症

　　古德曼尽管对这个问题进行了严格的论证，也提出了一个看似解决的方案，但是，这种解决方案看似完美，实则具有很多难以解决的后遗症，这些后遗症甚至会推翻这一解决反事实条件句的语言学进路。

　　后遗症（1）：过度限定问题

　　为了能清除不利于覆盖律则的条件，古德曼采用了迭代式的论证方式对支持条件进行了多达 5 次的限定，每一次限定好像使得理论更加完美，但是，随着每一次的限定和修正，对这个理论的伤害也是巨大的，到最后，古德曼好像已经无力再进行限定，尽管他的最后一次修正仍然有问题，我们认为这主要是没有存在迭代结束的问题。这个修正会陷入无限限定中，从而导致这个理论是无用的。正如古德曼所说：

　　　　我既不会对细节提供进一步的校正，也不会讨论 S 与 A 协守的要求对于判据是否给出了某种多余的限定；因为这类事情与此时我们面对的真正严肃的问题比较起来，已经变得不那么重要了。②

----

① Nelson Goodman（1947），"The Problem of Counterfactual Conditionals"，*The Journal of Philosophy*，Vol. 44，120.

② ［美］纳尔逊·古德曼：《事实、虚构和预测》，刘华杰译，商务印书馆 2007 年版，第 35 页。

后遗症（2）：循环论证问题

就像古德曼指出的，这个说明面临一系列困难：循环，因为共支撑是依据反事实条件句定义的。也就是，为了决定 A >C 的真，我们不得不决定是否存在一个与 A 共支撑的 A 适合 S。但是，为了决定 S 是否与 A 共支撑，我们不得不决定反事实条件句 A >─S 的真。也就是像古德曼所说的"一个无限循环"。

> 为了确定一个给定反事实句的真值，我们似乎不得不在其他事物中确定，是否存在一个与 *A* 协守的适当的 *S* ，并且满足一定的进一步的要求。但是为了确定一个给定的 *S* 是否与 *A* 协守，我们必须确定反事实句"若 *A* 为真，则 *S* 不为真"本身是否为真。但这意味着，要确定是否存在一个与 *A* 协守的可以导出 − *S* 的适当的 *S* $_1$ 等等。因此，我们发现自己陷于无穷后退或者一种循环之中了；因为协守性（cotenability）是用反事实句的术语界定的，而反事实句的意义却要用协守性的术语来界定。①

4. 一个看似合理而又无法实现的替代方案

古德曼的这种语言学进路是借助于一个反事实条件句的前件与定律以及相关条件等因素，来衍推这个反事实条件句的后件，正如我们上面所述，这个思路很明显是存在问题的，那么，有没有一种新的思路可以取代这种思路呢？很明显，一个反事实条件句，除了前件外，其不依赖于任何条件，这就提出了另一种全新的解决问题的思路，即：

> 人们自然会考虑以另外一种方式整个重新处理反事实句，首先承认，反事实句除了前件外不依赖于任何条件，然后把这些反事实句当作判据，检查相关条件与其他反事实句之前件的协守性，等等。②

但是，这种看似可以实现的方法实际上面临更为巨大的困难，古德曼给出了一个重要的原因，那就是复杂，他认为：

---

① ［美］纳尔逊·古德曼：《事实、虚构和预测》，刘华杰译，商务印书馆 2007 年版，第 35 页。

② ［美］纳尔逊·古德曼：《事实、虚构和预测》，刘华杰译，商务印书馆 2007 年版，第 36 页。

鉴于用一步一步的方法解释即使如此简单的反事实句"如果火柴曾被摩擦了，它就会点燃"时就遇到了可怕的困难，这种想法似乎从一开始就根本不被看好。①

第二节　覆盖律则与定律难题

1947 年，在《事实、虚构与和预测》一文中，古德曼提出了一个判定反事实条件句为真的研究思路，这种研究思路的核心是覆盖律则：

> S 除了满足已经列出的其他要求外，还必须不但与 A 相容而且与 A 是"联合支撑的"（jointly tenable）或者与 A "共支撑的"（cotenable）。A 与 S 是共支撑的，并且合取 A·S 是自我共支撑的，如果不是这种情况："若 A 为真则 S 不为真。"②

在这里，S 表示给定的集合，A 表示反事实条件句的前件。诉诸于简单性的古德曼的这种思想，尽管这种看起来是简单、实用、易操作，但这条研究进路却存在困境，其中之一就是科学定律的界定难题：

> 容许从"火柴被摩擦了，火柴足够干燥，氧气足够，等等"推导出"火柴点燃了"的原理，并不是一条逻辑定律，而是我们所说的自然定律、物理定律或者因果定律。第二个主要难题涉及对这类定律的界定。③

显然，这种思想困境的核心之一就是如何界定自然定律、物理定律或者因果定律这类定律。对于这个困境，古德曼是清楚的，他也认为这个问题对于判定一个反事实条件句是否为真是严重的。对此，他指出：

---

① ［美］纳尔逊·古德曼：《事实、虚构和预测》，刘华杰译，商务印书馆 2007 年版，第 36 页。

② Nelson Goodman（1947），"The Problem of Counterfactual Conditionals"，*The Journal of Philosophy*，Vol. 44，120.

③ ［美］纳尔逊·古德曼：《事实、虚构和预测》，刘华杰译，商务印书馆 2007 年版，第 27 页。

更为严重的是早先时候提到的第二个难题：使我们能够以前件和相关条件语句为基础推断出后件的一般语句的本性。这些联结原理（connecting principles）与相关条件之间的区别，是不精确的、任意的……但是同样的问题可能出现于能够支持反事实句的原理种类；分开考虑联结原理，可能是方便的。①

古德曼认为要避免一个反事实句依赖任何"若前件为真则它不为真"之类的语句，我们就要把前件与相关条件支撑的难题关联起来。因为对两个语句共支撑的判定，部分依赖于对某种一般语句是否为科学定律的判定。究竟如何破解界定科学定律的困境，古德曼对此进行了详细的分析，从文献上看，古德曼采用了迭代的方式对这一问题进行处理。

1. 定律难题的迭代解决方法一：联结原理

显然，之所以出现上述这种问题的困难，就在于如何理解联结原理，所以，科学定律问题理所当然可以转化为联结原理问题。对于联结原理，古德曼认为存在两种情况，第一种情况是联结原理是清楚的，也是存在的，因此，我们可以清楚地识别它，对此，古德曼就指出：

> 对于情形"如果那根火柴已被摩擦了，它就会点燃"，联结原理是"被摩擦的、制作完好的、足够干燥的、处于足够的氧气中的等等每一根火柴，都会点燃"。②

在这种情况下，联结原理是一种必然事实。但是，古德曼指出并非每个反事实条件句实际上都会受到如此得出之原理的支持，即使原理是真的。这就是第二种联结原理：

> 假定在欧洲胜利日我的右衣袋里有一组银币。在正常状况下我们不会对于给定的一便士 P 断言"如果 P 在欧洲胜利日已处于我衣袋中，那么 P 就会是银质的"，尽管从"P 在欧洲胜利日处于我衣袋中"我们能够根据一般语句"在欧洲胜利日处于我衣袋中的任何东

---

① ［美］纳尔逊·古德曼：《事实、虚构和预测》，刘华杰译，商务印书馆 2007 年版，第 36 页。

② ［美］纳尔逊·古德曼：《事实、虚构和预测》，刘华杰译，商务印书馆 2007 年版，第 37 页。

西都是银质的"推断出后件。①

古德曼认为在这种情况下，我们可能会认为若 P 在我衣袋中，那么这个一般语句不为真：

> 一般语句将不允许我们从反事实句的假定"P 处于我的衣袋中"推断出给定的后件，因为一般语句本身经受不住反事实句的假定。②

在这种情况下，一般语句"在欧洲胜利日处于我衣袋中的任何东西都是银质的"是偶然事实，因此，联结原理是不清晰的，从而导致一个明显存在问题的结果，即联结原理不能自动区分必然事实与偶然事实。

2. 定律难题的迭代解决方法二：区分定律与一般语句

如何界定必然事实与偶然事实就成了解决问题的关键，显然，偶然事实确实是真的一般语句，在某些情况下也能得到确证，但是，偶然事实却没有科学定律所具有的普遍性，因此，偶然事实不能像科学定律一样完全支撑一个反事实条件句：

> 反事实条件句的真理性因此似乎依赖于推断中所要求的一般语句是否为一条定律。如果是这样，那么我们的难题是准确地区分因果定律与因果事实。③

古德曼认为为了避免让一个反事实句依赖任何"若前件为真则它不为真"之类语句，就与早先引导我们要求前件与相关条件支撑的难题密切关联起来。因为对两个语句共支撑的判定，部分依赖于对某种一般语句是否为定律的判定，而我们此时直接关心的是后一个问题。对于讨论中的真的普遍语句，是否存在某种区分定律与非定律的方法？古德曼认为：

---

① ［美］纳尔逊·古德曼：《事实、虚构和预测》，刘华杰译，商务印书馆 2007 年版，第37—8 页。

② ［美］纳尔逊·古德曼：《事实、虚构和预测》，刘华杰译，商务印书馆 2007 年版，第37—8 页。

③ ［美］纳尔逊·古德曼：《事实、虚构和预测》，刘华杰译，商务印书馆 2007 年版，第38 页。

任何试图借助于因果力的观念作出区分的尝试，都因为不科学而可以立即被打消。并且这一点是清楚的，任何纯粹句法判据都不可能是适当的，因为对于特殊事实的甚至最专门的描述都可以改造成具有任何意欲程度句法普遍性的形式。①

古德曼之所以做出这种判断，是因为古德曼认为"书 B 是小的"可以变成"是 Q 的任何东西，都是小的"，如果"Q"代表可以唯一应用于 B 的某个谓词。基于这种原因，古德曼提出一种疑问：

"所有黄油在 150 ℉ 都溶化"的定律与一个真的并且一般的非定律"衣袋里所有的硬币都是银质的"之间的区别是什么呢？②

对于这种疑问，古德曼认为：

当第一个句子被认为是真的之时，它的许多具体情形仍然有待确定，进而，它预言了那些没有被检查的情形会与它相合。相反，第二个句子被认为是当确定了所有情形 * 之后 * 对偶适事实（contingent fact）的一种描述，对其任何实例（instances）而言据此谈不上什么预测。③

上述问题的核心就是我们如何定义定律？或者说我们如何理解定律？对于这个问题，古德曼采取了逐步接近的思路来定义这个问题：

那么，作为一级近似，我们可以说，定律就是用于作出预测的真语句。④

---

① ［美］纳尔逊·古德曼：《事实、虚构和预测》，刘华杰译，商务印书馆 2007 年版，第 39 页。
② ［美］纳尔逊·古德曼：《事实、虚构和预测》，刘华杰译，商务印书馆 2007 年版，第 39 页。
③ ［美］纳尔逊·古德曼：《事实、虚构和预测》，刘华杰译，商务印书馆 2007 年版，第 39 页。
④ ［美］纳尔逊·古德曼：《事实、虚构和预测》，刘华杰译，商务印书馆 2007 年版，第 40 页。

古德曼认为定律是用来预测的，当然是一条简单的自明之理：

> 我只是想强调休谟的观点：不是因为它是定律一个语句就可以用
> 于预测，而是因为它可以用于预测它才被称作定律；以及不是因为它
> 描述了因果联结此定律才被用于预测，而是因果联结的意义是用预测
> 中所采用的定律的术语来解释的。①

古德曼认为我们的判据把空洞的原理排除于定律之外，用于支撑反事
实条件句的概括不能是空洞的，因为它们必须得到证据的支持。

> 我们的判据如果普遍应用于所有语句，有可能把我们通常不称为
> 定律的许多语句——如单称预测——当作了定律，不过我们目前问题
> 的有限范围使得这一点变得不重要。②

3. 定律难题的迭代解决方法三：近似的类律概念
为了解决这个问题，古德曼提出了类律的概念：

> 我将对满足定律定义的要求但不管真假的语句，用术语"类律"
> （lawlike）来称呼。因此，定律既是类律的又是真的语句，但是如我
> 已经描述的，一个语句可以不是类律的却为真的，或者不是真的却是
> 类律的。③

那么，在什么情况下的语句具有"类律性"，或者说类律具有什么
性质？

> 类律性就是一种相当偶然的和短命的性质。只有那些恰好实际上
> 被用于预测的语句，才可能是类律的。一个在预测中被采用的真语
> 句，当它变得已经完全被检验过，即它的每一个实例都不再处于未决

---

① ［美］纳尔逊·古德曼：《事实、虚构和预测》，刘华杰译，商务印书馆 2007 年版，第
40 页。
② ［美］纳尔逊·古德曼：《事实、虚构和预测》，刘华杰译，商务印书馆 2007 年版，第
40 页。
③ ［美］纳尔逊·古德曼：《事实、虚构和预测》，刘华杰译，商务印书馆 2007 年版，第
41 页。

状态时，它可能就不再是定律了。①

基于此，古德曼重新定义了类律，他认为：

　　一个一般语句是类律的，当且仅当它在所有其实例被决定之前就是可接受的。②

古德曼"类律"定义使用了"可接受的"这一个概念，对于这个概念，学界是存在不同见解的，古德曼也深知这一点：

　　这可能立即遭到反驳，因为"可接受的"（acceptable）本身是一个颇平凡的素质术语；但我提议只是暂时使用它，并想着通过非素质定义的方法最终消去它。③

但是，古德曼的暂时性的类律性定义也面临另外一个困难：

　　假定适当的概括并不支持一个给定的反事实句，因为那个概括尽管是真的却不是类律的……那么，刚构造的拟定律（pseudo – law）可以用于从"P是银质的"这个语句进行推断。因此，非真的反事实句被建立起来。④

4. 定律难题的迭代解决方法三：类律概念

基于上面的原因，古德曼认为需要作出改变，只有这样，我们才可以这样来界定类律的定义：

---

① ［美］纳尔逊·古德曼：《事实、虚构和预测》，刘华杰译，商务印书馆2007年版，第41页。

② ［美］纳尔逊·古德曼：《事实、虚构和预测》，刘华杰译，商务印书馆2007年版，第41页。

③ ［美］纳尔逊·古德曼：《事实、虚构和预测》，刘华杰译，商务印书馆2007年版，第41页。

④ ［美］纳尔逊·古德曼：《事实、虚构和预测》，刘华杰译，商务印书馆2007年版，第41—2页。

一个语句是类律的，如果它之可接受（acceptance）并不依赖于任何给定实例的确定。①

古德曼认为这不意味着可接受独立于所有实例的决定，只意味着不存在特殊的实例使得可接受依赖于此实例的决定。这种定义剔除了一些古怪的语句：

根据"可接受性要求知道这本书是否为黑色的"这样的理由，从定律类别中排除了形如"那本书是黑色的并且橙子是球形的"之类的语句；②

根据"可接受性要求确定我衣袋中的所有东西"这样的理由，此判据排除了"在我衣袋中的或者是一角硬币的所有东西，都是银质的。"③

根据"可接受性可能取决于确定或者了解有关第19号弹子球已另外获得的知识"这样的理由，排除了形如"这个袋子中除了第19号球以外所有的弹子球，都是红色的，并且第19号球是黑色的"这样的语句。④

综上所述，我们可以把古德曼关于定律的观点进行概括：（1）观点一：偶然事实不是定律；（2）观点二：定律可以进行预测；（3）观点三：类律不一定是定律。

5. "类律"思想的后遗症

古德曼认为对于一个句子的可接受性的概念或者它的可接受性依赖于

---

① ［美］纳尔逊·古德曼：《事实、虚构和预测》，刘华杰译，商务印书馆2007年版，第42页。
② ［美］纳尔逊·古德曼：《事实、虚构和预测》，刘华杰译，商务印书馆2007年版，第42—3页。
③ ［美］纳尔逊·古德曼：《事实、虚构和预测》，刘华杰译，商务印书馆2007年版，第43页。
④ ［美］纳尔逊·古德曼：《事实、虚构和预测》，刘华杰译，商务印书馆2007年版，第43页。

或者不依赖于某种给定知识的概念，我们仍然必须代之以此种依赖性的一种实证定义。于是，人们自然转向有关归纳和确证的理论，以了解那些突出因素或者境况，来判定一个语句在没有完备证据的情况下是否是可接受的。但是，有关确证问题的出版物不但没有清楚地区分可确证的与不可确证的语句，而且也很少认识到还存在这样一个难题：

> 无视区分可确证的与不可确证的句子这一难题，已经使多数确证理论面对更具破坏性的初等类型的反例。①

对此，古德曼举出了一个例子：

> 假定我们给袋子中 26 个弹子球标上字母，字母仅用作专名（proper names），没有顺序上的含义。进一步假定，我们被告知，除了 d 球以外所有球都是红色的，但我们不知道 d 球是什么颜色。根据通常类型的确证理论，这会对语句
> Ra，Rb，Rc，Rd，…，Rz
> 提供很强的确证，因为已知 26 种情况中有 25 种是支持此语句的，并且没有发现一个不支持的情况。但是不幸的是，同样的论证可能表明，恰好是同样的证据可能同等确证
> Ra，Rb，Rc，Re，…，Rz ，－Rd，
> 因为我们仍然有 25 种情况是支持的并且没有发现不支持的情况。因此，"Rd"和"－Rd"得到同样证据的同等确证并且是强烈确证。如果要求我用单个谓词代替第二种情况中的"R"和"－R"这两者，我会采用"P"，含义为处于袋子中，并且，或者不是 d 且为红色，或者是 d 而不为红色。
> 那么，对于所有的弹子球都是 P，证据是，有 25 种情况提供了正面支持，由此得出 d 是 P，并且因此 d 不是红色的。②

因此，古德曼的"类律"思想也存在问题，我们称之为后遗症。
后遗症（1）：从已知的情况到未知的情况什么样的谓词是可投射的

---

① ［美］纳尔逊·古德曼：《事实、虚构和预测》，刘华杰译，商务印书馆 2007 年版，第 45 页。

② ［美］纳尔逊·古德曼：《事实、虚构和预测》，刘华杰译，商务印书馆 2007 年版，第 45—6 页。

古德曼认为这是存在问题的，问题就是从"什么样的语句可确证的问题"变成了一个等价的问题：从已知的情况到未知的情况什么样的谓词是可投射的。

> 到此为止，我发现，还没有办法对付这些难题。可是，如我们所见，对于我们目前的目的，迫切要求有某种解决办法；因为只有当接受一个语句的意愿涉及可被检验的实例的预测时，可接受性才赋予那个语句权威性以控制不能被直接检验的反事实句的情况。①

后遗症（2）：如何界定在什么情况下一个语句是可接受的这件事

实际上，反事实条件句的困境，要依靠覆盖律则中共支撑定义的界定，而这种界定则需要依赖于对那些难题的解决，他认为这是有问题的，问题在于：

> 其他难题要求对定律的一种适当的定义。这里提出的对定律的临时判据是，理智上满意地排除了不想要的语句类型，并且把我们难题的一个方面有效地归结为，如何界定在什么情况下一个语句是可接受的这件事，独立于对任何给定实例的确定。但是，对于这个问题，我不知道如何解答。②

由此，我们不难发现，诉诸于简单性并且符合人们直觉的覆盖律则看似是美好的，但是，这种思想还是碰到了巨大的困难，更为麻烦的是，这种困难从实际操作看是很难解决掉的。那么，如何破解这一困境，成为学界所关注的一个话题，从文献上看，对于覆盖律则难题的解决方法有多种，但是，从总体上看，主要有两条解决思路，一条路径是条件选择路径，另一条路径是因果关系路径，下一章我们重点讨论这两条解决路径。

---

① ［美］纳尔逊·古德曼：《事实、虚构和预测》，刘华杰译，商务印书馆 2007 年版，第 46 页。
② ［美］纳尔逊·古德曼：《事实、虚构和预测》，刘华杰译，商务印书馆 2007 年版，第 46—7 页。

第四章　辩护：对覆盖律则的拯救

为了解决古德曼的"相关条件难题"，许多学者对此进行了讨论，他们在古德曼等人的"简单的覆盖律则"的基础进行了进一步的精致。从总体上看，这种"精致的覆盖律则"主要有两种思路。一种思路是把时间因素加入到"简单的覆盖律则"中，这种思路是学界在质疑古德曼的"共支撑"理论时提出来的；另一种思路是把因果相关加入到"简单的覆盖律则"中，这种思路出现在 20 世纪 70 年代，在时间上要比上一种思路晚一些。

第一节　条件选择能拯救覆盖律则？

一个反事实条件句的前件与每一个真语句相容，真语句之间也相容，但是，把这些真语句与前件合在一起，却是假的，这是会产生推出任何后件的问题，那么，"相关条件难题"的问题究竟出在哪里？对此，古德曼举出了一个"卡罗来纳"的例子，清楚地说明了这一问题：

> 在一个由"如果琼斯在（were）卡罗来纳，……"起始的反事实句中，前件完全兼容于"琼斯不在（is not）南卡罗来纳"以及"琼斯不在（is not）北卡罗来纳"以及"北卡罗来纳加南卡罗来纳等同于卡罗来纳；"但是所有这些连同前件一起构成一个自相容的集合，再次使得任何后件都成为可能。[1]

也就是说，如果我们仅仅要求"真语句的集合 & 反事实条件句的前

---

[1]　［美］纳尔逊·古德曼：《事实、虚构和预测》，刘华杰译，商务印书馆 2007 年版，第 29—30 页。

件相容 & 定律"衍推后件是远远不够的，因为可能会造成依据这一思路得到两个反事实条件句不能全部为真：

　　"如果琼斯在卡罗来纳，他就会在南卡罗来纳"以及反事实句"如果琼斯在卡罗来纳，他就会在北卡罗来纳"[1]。

　　显然，从现实世界来看，这两个句子只有可能有一个是真的，它们不可能全部为真，因为南卡罗来纳和北卡罗来纳是矛盾的。

　　也就是说，这里存在两个问题：

　　（1）按照覆盖律则，和前件 A 结合的支撑条件有可能会衍推出 ¬ A，这是有问题的，因为前件 A 加上支撑条件加上因果律衍推出 ¬ A，这将与前提不相容。所以，衍推出前件的否定的支持条件合取肢必须清除。

　　（2）这种情况要比上述情况弱，也就是有些支撑条件虽然不衍推前件 A 的否定，但是，这些支撑条件与前件 A 以及因果律结合后，会产生一些令人无法接受的逻辑后承，这也是不合人们的直觉的，所以，衍推出无法令人接受的支撑条件合取肢必须清除。

　　所以，我们必须设计一个限制，把这些不合格的合取肢从支撑条件中清除出去，以净化支撑条件集合，从而达到一种完美衍推的结果。那么，我们究竟如何解决这一问题呢？对此，学界给出了不同的解决方案。

1. 古德曼的解决思路

　　产生上述问题的原因在于没有对真语句进行进一步的精确界定，正是根据这一点，古德曼提出了进一步界定相关条件来解决这一问题，他规定：

　　把为真的反事实句刻画成当且仅当存在真语句的某个集合 S，使得 A · S 自相容并且根据定律可以导出后件，而同时要求不存在这样的集合 S'，使得 A · S' 自相容并且根据定律可以导出后件的否定。[2]

---

① 〔美〕纳尔逊·古德曼：《事实、虚构和预测》，刘华杰译，商务印书馆 2007 年版，第 30 页。

② 〔美〕纳尔逊·古德曼：《事实、虚构和预测》，刘华杰译，商务印书馆 2007 年版，第 31 页。

但是，仅仅做出这种限制还是不够的，因为这会出现另一个难题：在真语句的集合中，可能会出现后件的否定。这里会出现两种情况：

（1）后件否定与反事实条件句的前件不相容。这种情况对这个解决问题的路径不会产生伤害，我们借助于"真语句的集合 & 反事实条件句的前件 A& 定律"就可以衍推后件 C，这是没有问题的；

（2）后件否定与反事实条件句的前件相容。这种情况对这个解决问题的路径会产生伤害，因为会出现"后件 C 的否定 & 反事实条件句的前件 A& 定律"衍推出后件 C 的否定。因为

> 如果我们取 ¬C 作为我们的 S，合取 A·S 将会给出 ¬C。因而，我们建立起来的判据将很少被满足；因为既然 ¬C 通常与 A 相容。①

显然，从现实世界来看，这两个句子也只有可能有一个是真的，它们不可能全部为真，因为借助于这一解决路径，我们既可以得到后件 C，也可以得到后件 C 的否定，显然，"后件 C"和"后件 C 的否定"是矛盾的。

产生上述问题的原因在于没有考虑真语句集合 S 与前件 A 相容的问题，所有，一个完整的反事实条件句理论要同时通过刻画真语句集合 S 与后件 C 以及后件 C 的否定都相容，正是根据这一点，古德曼提出了进一步修正这一解决问题的思路，也就是：

> 反事实句是真的，当且仅当存在真语句的某个集合 S，使得 S 与 C 和 ¬C 相容，并且使得 A·S 是自相容的并通过定律导出 C；但不存在与 C 和 ¬C 相容的集合 S′，使得 A·S′ 是自相容的并且根据定律导出 ¬C。②

2. 帕里的解决思路

最早把时间因素加入到"覆盖律则"的是帕里（W. T. Parry），对于古德曼所提出的关于火柴的例子：对于给定的火柴 M，我们会断言：（i）如果火柴 M 曾被摩擦过，它就会点燃，但是会否定；（ii）如果火柴 M 曾

---

① ［美］纳尔逊·古德曼：《事实、虚构和预测》，刘华杰译，商务印书馆 2007 年版，第31 页。

② ［美］纳尔逊·古德曼：《事实、虚构和预测》，刘华杰译，商务印书馆 2007 年版，第32 页。

被摩擦过，它就不会是干燥的，帕里认为这两者是可以区别的，其方法就是借助于因果形式的因素分析，其包括因果（一般指条件句的前件）被视为先前影响（一般指条件句的后件）的认识性，在这种情况下，这种特殊形势就是因果律：

　　（定律1）对于任何时间t，如果一根在t时被摩擦的火柴在t时是制作良好的、干燥的，并且氧气与t时其他的条件是确定可以提供的，那么火柴在紧接着t时之后的时间t′被点燃的结果就会出现。①

这个定律可以证明这个条件句，如果火柴M在t时被摩擦，它会在紧接着t时之后的时间t′被点燃。使用定律1这种表述对（i）来说会显得更加的具体。同时，定律1说明反事实条件句有一个或者多个前件条件作为前件，并且影响后件。当然，定律1也证明了一个原则或者定律：

　　（定律2）对于任何时间t，如果一根火柴在t时被摩擦，那么在当前的时间t，它是制作良好的、氧气和确定条件比干燥更重要，但是这根火柴在t时之后的任何时间都没有点燃，那么可得出这根火柴在t时没有燃烧。②

假如有人认为借助于"火柴M是不干燥"来挑战"（i）如果火柴M曾被摩擦过，它就会点燃"，那么，依据定律2，假设定律2的前件条件而不是第一次应用到M，我们可以具体化这个半反事实条件句，如果M被点燃，在那个时刻它不能是干燥的。但是，我们没有根据定律2断定，如果M在t时被摩擦，它会在紧接着t后不干燥。帕里认为：

　　总的来说，我们得出结论，针对像定律2的定律对于断定形如"如果A是真的，A不会是真的"或者"如果A已经为真，A不会为真"的虚拟条件句不是一个充足基础，这里AA都是初始定律的因果因素；对这种条件句蕴涵或者预设前件对后件的优先性不可保证，这

①　Parry, W. T. (1957), Reëxamination of the problem of counterfactual conditionals, *Journal of Philosophy*, Vol, 54：87.

②　Parry, W. T. (1957), Reëxamination of the problem of counterfactual conditionals, *Journal of Philosophy*, Vol, 54：87.

种（i）（ii）的区别没有使用共支撑。①

帕里认为古德曼的共支撑思路是有问题的：

> 我们认为不存在古德曼实验性规则 TR 的因果β应该放弃或者修改。也许思想出现时，也许β中的"自相容"应该替换成"自我支撑"的思想出现了，就像古德曼对α的论证一样。但这种思想应该被拒绝，这让我们又回到了原点；这种权宜之计是令人可疑的。难道我们不能放弃这个条件吗？②

这里的 TR 是指古德曼的共支撑思想：

> 反事实句是真的，当且仅当［α］存在真语句的某个集合 S，使得 S 与 C 和 - C 相容，并且使得 A·S 是自相容的并通过定律导出 C；但［β］不存在与 C 和 - C 相容的集合 S′，使得 A·S′是自相容的并且根据定律导出 - C。③

帕里把上述共支撑思想的第一个条件视为α，第二个条件视为β。

> 在一般情况下，β条件的原因是，我们不想同时断定"如果 A，那么 C 会"和"如果 A，那么 C 不会"。也许，像古德曼一样，我们应该取消这种情况，前件是不可能的或"反事实的"而导致的矛盾后件。但它看起来好像我们需要对加入 S 的 A 进行限制，所以，事实上我们不会有 A·S 导出 C，而 A·S′导出 - C。找到合适的限制是不容易；但没有它们，把矛盾的缺乏放入规则或定义是不可能解决这个问题的。④

---

① Parry，W. T.（1957），Reëxamination of the Problem of Counterfactual Conditionals，*Journal of Philosophy*，Vol，54：87.

② Parry，W. T.（1957），Reëxamination of the Problem of Counterfactual Conditionals，*Journal of Philosophy*，Vol，54：89.

③ ［美］纳尔逊·古德曼：《事实、虚构和预测》，刘华杰译，商务印书馆 2007 年版，第 32 页。

④ Parry，W. T.（1957），Reëxamination of the Problem of Counterfactual Conditionals，*Journal of Philosophy*，Vol，54：89 - 90.

帕里对古德曼覆盖律则的困难进行了分析：

出现在古德曼的例子的困难如下：假设琼斯不在卡罗来纳，如果我们承认相关条件 S "琼斯不在北卡罗来纳，" 我们会有

如果琼斯在卡罗来纳，他将在南卡罗来纳州，

因为 A·S 在这里导出 C，但把 S′ 视为 "琼斯不在南卡罗来纳"（也是真的），我们得到矛盾的条件句：

如果琼斯在卡罗来纳，他会在北卡罗来纳。①

帕里认为当我们开始 "如果琼斯在卡罗来纳，……" 时，我们正在从他的实际地理位置中抽象出来，并把他放在一个大概非实际的位置，同时尽可能留下相同 "其他事情"。

很明显，包含在相关条件 S 中的 "其他事情" 一定不包括在前件时间时他的现实位置，这一点是很清楚的。这个简单事实古德曼却没有提及，是因为它太模糊了、太特殊了还是其他的原因?②

帕里想添加一个要求，也就是在支撑条件中不存在非 A 为逻辑后承的析取肢，这将使得上面提到的 "卡罗来纳" 类型的所有的例子是不合法的：

S（琼斯不在北卡罗来纳）对 A（琼斯在卡罗来纳）的关系是非 S 严格蕴涵 A，或者说，非 A 严格蕴涵 S。因此，我们需要非 A 不蕴涵 S 的这种限制，即非 A 与非 S 相容，理由是由古德曼的文章给出，我们同样不希望非 A 到 "由定律导出"（逻辑或非逻辑）到 S（如当我们陈述 S 时，是按照纬度和经度来说）。因此，我们得到了一个初步的条件：

(5a) 非 A 不由定律导出 S（或者，非 A 与非 S 不相容）。

这是被添加一个条件α，即：（1）S 是真的；（2）S 与非 C 不相容（古德曼也有 S 与 C 相容；这是多余的，从（3）和（4））；（3）S 与 A 相容；（4）A·S 由定律导出 C。古德曼没有提到的条件（5a）

---

① Parry, W. T. (1957), Reëxamination of the Problem of Counterfactual Conditionals, *Journal of Philosophy*, Vol, 54：90.

② Parry, W. T. (1957), Reëxamination of the Problem of Counterfactual Conditionals, *Journal of Philosophy*, Vol, 54：90.

比条件β更适合他的现在目的。①

当然，要处理古德曼的这个难题，前提是我们似乎要找到一个真的并且独立的支持值，以用来解释为什么琼斯不去南卡罗来纳，帕里认为条件(5a) 必须扩展，因为：

> 假设琼斯不在卡罗来纳，并且他是个浸礼会教徒。让 S 为"琼斯不在北卡罗来纳，琼斯是个浸礼会教徒。"然后条件α和（5a）由下述条件句满足：
> 如果琼斯在卡罗来纳，他将在南卡罗来纳。
> 我们同样可以让 S″"琼斯不在南卡罗来纳州，琼斯是一个浸信会教徒。"那么同样的条件也满足相反的条件句：
> 如果琼斯在卡罗来纳，他将在北卡罗来纳。
> 同样地，如果我们让 S_1 为"琼斯既不在北卡罗来纳也不是浸礼会教徒，"然后让 S_2 是"琼斯既不在南卡罗来纳州，他也不是一个浸礼会教徒"，"我们得到了一对相反的并且矛盾的反事实条件句。②

因为我们已经要求这些析取肢与 A 相容并且支持条件是真的（以至于任何析取肢与非 A 相容），并且任何 A 的逻辑后承的析取肢是无效的，这个观点终结了一个要求：支撑条件中的任何一个析取肢是逻辑独立的 A。

> S 的最后两段给出了琼斯的实际位置信息，并且应排除。一个相当彻底延伸条件（5a）的方式是产生这个条件：（5）S 不是重言等价于包含本质要素的真值函项，即一个命题 –A 由定律所指引（或者是它的否定）。我们说"本质要素"，因为任何 S 等价于（S. A 或 S. –A），其中 –A 是一个 –A 由定律导出的要素；但是 A，–A，不是引证真值函项的本质要素，在等价陈述 S 中被淘汰。③

---

① Parry，W. T. （1957），Reëxamination of the Problem of Counterfactual Conditionals，*Journal of Philosophy*，Vol，54：90 – 91.

② Parry，W. T. （1957），Reëxamination of the Problem of Counterfactual Conditionals，*Journal of Philosophy*，Vol，54：91.

③ Parry，W. T. （1957），Reëxamination of the Problem of Counterfactual Conditionals，*Journal of Philosophy*，Vol，54：91.

帕里强调我们也必须寻找不适合 S 的另一种思路。显然与我们通常的 A 而言，"琼斯在缅因州"是不适合的。它不仅被（5），而且被条件（3）S 与 A 相容（或 S 不会由定律导出—A）排除在外：

> 然而，（3）就像（5a）一样需要扩充（没有共支撑，请！）。假设琼斯现在在缅因州。让 S′ 为"琼斯在缅因州和/或他是一个浸礼会教徒"（或者，让 S 为"如果琼斯不在缅因州，那么他是一个浸礼会教徒"。然后条件（1）到（5）满足下面的条件句：
>
> 如果琼斯在 Carolina，他将是一个浸礼会教徒。
>
> 这已经是一个悖论；我几乎不需要添加，仅仅由"摩门教徒"取代上面 S 的"浸礼会教徒"，同样的条件也满足下面的条件句：
>
> 如果琼斯在 Carolina，他是一个摩门教徒。
>
> 这些不合适的 S 由一个条件所排除，类似于（5）及替换（3），即，
>
> （6）S 不是重言等价于包含本质要素的真值函项，即一个命题由定律得出 – A（或者是它的否定）。①

对于古德曼提出的谓词问题，帕里认为：

> 我们现在已经排除了前件域中所有的 S 不合适信息？我不知道。但我知道，古德曼教授有许多锦囊妙计，包括大量的特殊谓词。我怕他会告诉我们他有一个谓语，也许"unnocabap"，使得"琼斯是 unnocabap"蕴涵"琼斯不在北卡罗来纳，是一个浸礼会教徒"，然而，不重言等价于或任何"琼斯不在北卡罗来纳"。其他真值函项是一个本质要素——简单说，演算无效的条件（5）……作为最后的手段，我们可以依靠清晰的事实——S 和这些特殊谓词给出琼斯的实际位置信息，所以要避开。②

帕里认为，我们要区分位置改变与本质偶然性和必然性的关系：

---

① Parry, W. T. (1957), Reëxamination of the Problem of Counterfactual Conditionals, *Journal of Philosophy*, Vol, 54：92.

② Parry, W. T. (1957), Reëxamination of the problem of counterfactual conditionals, *Journal of Philosophy*, Vol, 54：92.

在任何情况下，有关主体位置的直接信息是相关条件难题的次要部分。它仍然是决定什么会或不会改变与假设位置的变化。诸如年龄和本国宪法（也许在 S 中），这些事情不会改变位置的东西必须从那些为特定的个体，可能会改变与给定位置的改变区别出来，即使在其他情况下，他们不会改变：这可能是一个悲观的性格，超重，甚至宗教联系。我们似乎要区分本质的和偶然的属性。①

当然，帕里也认为为了解决古德曼的相关条件难题，他也和古德曼一样做出了许多限制，但是，他认为：

尽管文章中出现了很多限制，我们可以断言这个章节对于相关条件形势的决定是正面的，通过断定一个"简单事实"，更准确地说是，将条件（5）（6）添加到古德曼对反事实条件句的暂停规则 α 中。②

为了解决古德曼的相关条件难题，帕里认为古德曼限制是不够的，他想在古德曼共支撑思想的基础上添加一个要求：在支撑条件中不存在非 A 为逻辑后承的析取肢。这将使得上面提到的所有的"卡罗来纳"例子不合法。但是，这是有问题的，因为我们可以用 P 和 P ⊃S 替换支持条件中任何被帕里要求所限制析取肢 S。我们不能要求不存在支持条件的后承为非 A 的后承，因为非 A∨支持条件通常是两者后承。帕里建议我们要求不存在支持条件的真值函项组成是非 A 的后承，因为在上面的例子中，S 是一个真值函项组成。然而，一个陈述句的意思之下的逻辑结构可能导致人们得出它的所有后承在其里面都是一个析取肢的结论，这导致我们还是面临同样的困难。

对此，本内特也指出支持条件中不包括任何由 ¬ A 所衍推的合取肢的要求意味着需要以下情况：对于在支持条件中的每个合取 R，¬ A&¬ R 是可能的。在开始这项工作以前，让我们在语境中来设置它。因为 A 事实上是假的并且支持条件是真的，对于在支持中的每个合取 R，它已经确

① Parry, W. T. (1957), Reëxamination of the Problem of Counterfactual Conditionals, *Journal of Philosophy*, Vol, 54: 92.

② Parry, W. T. (1957), Reëxamination of the Problem of Counterfactual Conditionals, *Journal of Philosophy*, Vol, 54: 93.

立¬ A&R 是可能的。

　　古德曼式的分析也正确地要求（A& 支持）是可能，对于在支持条件中的每个合取 R，它衍推 A&R 是可能。此外，对于在支持条件中的某些 R，如果 A&¬ R 是不可能的，A 应该衍推 R，在这种情况下，支持条件中的 R 是不起作用的，因为 A 起到了所有的支持条件作用；所以，标准地说，对于在支持条件中的每个合取 R，A&¬ R 也是可能的。那么，帕里的需要实现了支持条件为强不依赖 A 的要求，这意味着它们的每一个真值组合都是可能的。帕里指出我们必须假设在没有插入语的情况下"支持条件"是可表达的：支持条件中的合取自身也是支持中的一个合取。否则，他对分析的修正的提议就会失败。①

3. 古德曼的辩解

　　在《帕里论反事实条件句》一文中，帕里由明显无关的测试来解决上文问题，这不仅对支持条件中的每一个合取，而且，对它的每一个由它构成的真值函项有更多要求。但是，古德曼指出了这个提议没有涵盖的困难。在本部分中，我们将详细分析古德曼的建议。

　　帕里对古德曼所提出的第一个条件进行了讨论，并对古德曼的论证提出质疑，对于帕里的论述，古德曼本人也有不同的看法：

　　本书第一版出版后，帕里（W. T. Parry）指出没有反事实条件句满足这一公式；因为人们可以永远把¬（A · ¬C）当作 S，把¬（A · S）当作 S′。因此我们必须加上要求：无论 S 还是 S′根据定律都不能从¬A 导出。当然这并不能缓解上面正文接下来的段落中阐明的进一步的困难。②

　　古德曼在上述陈述中说明了一个事实，也就是在他的反事实条件句处理中，他解释了为什么我们可以看到不存在对 S（相关条件陈述）进行形式化的适当的限制，因此，这种努力要放弃。同时，古德曼对帕里论述的核心思想进行了评价，古德曼认为，帕里的思路是有问题的，因为：

---

① Bennett, J. (2003), *A Philosophical Guide to Conditionals*, Oxford University Press. 317.

② ［美］纳尔逊·古德曼：《事实、虚构和预测》，刘华杰译，商务印书馆 2007 年版，第 30 页。

这种条件会得到：不仅使得可接受反事实条件句为真，考虑在我的桌子上的一盒正常火柴：

（a）如果 m 已经被摩擦，然后它会点燃，

而且还会使得不可接受条件句为真：

（b）如果 m 已经被摩擦，然后它会不是干燥的。

因为真陈述"m 没有点燃"也可以作为 S 中的条件。①

对于这种情况，古德曼认为帕里把这种情况解析为如下情况时是有问题的：

按照陈述的标准，a 或 b 都不成立；我们可以把 S 作为 – A 和 – C 采取的析取，他（指帕里——引者）意识到这个发现使我们没有更好的解决办法了，因为我们还没有标准从非法的（b）中区分出合法的（a）。他得出结论，我们最好放弃条件β，从而承认两个反事实条件句（a）和（b），然后再寻找某些排除（b）的其他方式。②

古德曼认为，帕里建议排除（b）实际上基于它颠倒了因果关系的时间顺序：

帕里说，（a）和（b）完全可以表述为：（c）如果 m 在 t 时间被摩擦，m 将在 t 后正好点亮。（d）如果 m 在 t 时间被摩擦，m 将在 t 后不会正好干燥。③

古德曼认为帕里在论证（c）的相关的干燥条件为 m 在 t 时是干燥的；因而，定律支持（c）的简单换位法将不会产生定律支持（d），因为后件规定"m 在 t 后正好干燥"。但是，这种表述是有问题的：

---

① Nelson Goodman (1957), "Parry on Counterfactuals", *The Journal of Philosophy*, Vol. 54, No. 14: 443.

② Nelson Goodman (1957), "Parry on Counterfactuals", *The Journal of Philosophy*, Vol. 54, No. 14: 443.

③ Nelson Goodman (1957), "Parry on Counterfactuals", *The Journal of Philosophy*, Vol. 54, No. 14: 443.

实际上干燥条件需要（c）为"m在t后正好干燥"。因此，我认为帕里的这个建议可以被视为无效。①

古德曼认为帕里放弃β的建议留给他更进一步的难题：处理琼斯这样的不想（unwanted）反事实条件句，他举出了一个例子：

> 在语句中时间，琼斯实际上在南达科他州：
> （e）如果琼斯在卡罗来纳，他将在南卡罗来纳。
> （f）如果琼斯在卡罗来纳，他会在北卡罗莱纳。
> 在（e）的情况下，S为：
> （g）琼斯不在北卡罗来纳；
> 而在（f）的情况下，s为：
> （h）琼斯不在南卡罗来纳。②

古德曼认为条件β有效地排除了（e）和（f）。如果β放弃了，那么我们必须找到一些其他的排除方法来解决这个问题：

> 帕里首先建议我们可从S中排除所有琼斯实际上在哪里的陈述，但是注意，这可能被认为太特殊或太模糊……因此他制定自己的更普遍的和明确的要求5a：非A不由定律导出S。这确实会排除上述例子（g）和（h）中S的可能选择；但是恐怕也是无济于事的。③

古德曼认为其他的既不是由5a，也不是由帕里5a之后提出的排除选择如下。例如：

> （i）琼斯在一个州，其名称包含"南"字；
> 在（f）的情况下，我们把S视为：
> （j）琼斯是在南卡罗来纳以北的州。

---

① Nelson Goodman（1957），"Parry on Counterfactuals"，*The Journal of Philosophy*，Vol. 54，No. 14：444.

② Nelson Goodman（1957），"Parry on Counterfactuals"，*The Journal of Philosophy*，Vol. 54，No. 14：444.

③ Nelson Goodman（1957），"Parry on Counterfactuals"，*The Journal of Philosophy*，Vol. 54，No. 14：444.

因此，（e）和（f）的问题就可以解决。①

因此，古德曼认为我们似乎必须恢复条件β以处理由（e）及（f）所示的问题。对于帕里的建议，古德曼认为：

> 然而，就像我们已经看到的，帕里表示如果我们的要求包括条件α和β，那么几乎每一个合理的反事实条件句都会被取消，因为我们总是把 S 作为 − A 和 − C 的析取，所以得到 − C，但是，请注意，如果我们把他的 5a 添加到α和β，那么我们排除 − A V − C 为 S′的选择，因为 − A 蕴涵 − A V − C。因此他提出反对我的方法理由可以通过加入他的要求 5A 得到满足。②

4. 科瑞的思路

科瑞（John C. Cooley）也持有与帕里相似的观点，他也认为借助于时间因素可以解决古德曼所面临的"相关条件难题"，在《古德曼教授的事实，虚构与预测》一文中，科瑞对这一问题进行了详细的说明，他认为古德曼没有给出更多的关于共支撑的例子，他说：

> 没有给出其他的关于共支撑的例子，我不认为水箱的例子是一个完全典型的反事实推理，我想提另一对例子，可能有助于问题的直观把握。③

他的例子是利用了特定的温度、气体和体积的关系来说明这一问题的：

> 假设在特定的温度 T 的气体，被限制在这样一种方式，它的体积可以在周围环境无热交换的条件下改变。进一步假设反事实条件句，如果体积减半，压力将会增加一倍，参照波耳定律我们可以辩护这个

---

① Nelson Goodman（1957），"Parry on Counterfactuals"，*The Journal of Philosophy*，Vol. 54，No. 14：444.

② Nelson Goodman（1957），"Parry on Counterfactuals"，*The Journal of Philosophy*，Vol. 54，No. 14：444.

③ Cooley，J. C.（1957），"Professor Goodman's Fact，Fiction，& Forecast"，*The Journal of Philosophy*，Vol. 54：297.

反事实条件句。这里，前件 A 描述体积减少，S 将描述气体被限制的条件（初始温度是 T，完美的绝缘等），和已经提到的温度保持不变。然而，预测这些条件下的温度以及压力将增加是可能的，这样 S 结合 A 构成了一个物理不相容集合，我们必须拒斥这个反事实条件句。①

科瑞认为，只有在以下情况下，这种反事实条件句才有可能接受，即：

当然，如果其与周围的热量进行交换，从而我们可以预测温度近似恒定的方式改变这个环境，那么这个条件句是可以接受的。（在这种情况下，如果假设温度升高体积减少。那么我们就会得到一个不正确的反事实条件句）②

因此，科瑞认为出现问题的原因在于常量和变量之间的计算出现了偏差：

这些例子的目的是表明，反事实推理的特有错误取决于保持常量和相关于前件所描述的变化的改变之间的计算错误。③

科瑞认为教授古德曼的火柴盒水箱的两个例子在这方面不是一个好的选择，因为他们没有涉及任何人都可能使用的错误预测：

水箱的情况（"如果水箱冻结，没有达到 33 ℉ 以下的温度，那么水箱就不会破裂"）取决于使用真空律或建造一个真空律的变体（第 18—19）。火柴的情况（"如果火柴已经被摩擦，它不会是干燥的"）是不符合的，因为我们应该使用的信息（火柴被摩擦的的条件下）变得不可理解。④

---

① Cooley, J. C. (1957), "Professor Goodman's Fact, Fiction, & Forecast", *The Journal of Philosophy*, Vol. 54: 297.

② Cooley, J. C. (1957), "Professor Goodman's Fact, Fiction, & Forecast", *The Journal of Philosophy*, Vol. 54: 297.

③ Cooley, J. C. (1957), "Professor Goodman's Fact, Fiction, & Forecast", *The Journal of Philosophy*, Vol. 54: 297.

④ Cooley, J. C. (1957), "Professor Goodman's Fact, Fiction, & Forecast", *The Journal of Philosophy*, Vol. 54: 297.

　　火柴的例子与水箱的例子是一样的，假如我们把火柴的例子沿着与气体的相同思路进行处理。就会得到和水箱的例子一样的结论：

　　　　前件 A 描述为火柴摩擦，S 描述为摩擦的条件（它是干的，有氧等）和包括影响火柴没有被点燃的状态。然而，在这种情况下，预测火柴将保持干燥和点燃是可能的，因此，S 结合 A 构成了一个物理不相容集合，我们必须拒斥这个反事实条件句。注意，这个例子与气体的例子都没有参考共支撑。①

　　科瑞认为这是一个处理这种情况的明智的方式，但它仍然要说明为什么它对古德曼教授是不可用的。这个回答完全取决于 S 中的内容，火柴最初是干的。那么，如何处理这一问题的？或者说出现这一问题的原因是什么呢？对此，科瑞指出：

　　　　他（指古德曼——引者）没有考虑到时间联系，并且 S 中所包含的这种陈述（对他）而言等价于导致悖论结果的后件（火柴是干的）的否定（就像他在 20 页所解释的）。②

　　与帕里不同的是，科瑞用"短暂的时间间隔"来精致"覆盖律则"：

　　　　事实上，我把定律与事件的摹状添加到普遍的因果模式中，在开始的短暂间隔，火柴是干燥的、氧气是充足的等等，并且火柴被摩擦了；这些条件继续在本质上保持不变，在这个间隔的最后部分，火柴被点燃了。③

　　科瑞认为，之所以出现这些难题，是由于古德曼没有注意到他的这种分析框架是有问题的：

---

① Cooley，J. C.（1957），"Professor Goodman's Fact，Fiction，& Forecast"，*The Journal of Philosophy*，Vol. 54：297.

② Cooley，J. C.（1957），"Professor Goodman's Fact，Fiction，& Forecast"，*The Journal of Philosophy*，Vol. 54：298.

③ Cooley，J. C.（1957），"Professor Goodman's Fact，Fiction，& Forecast"，*The Journal of Philosophy*，Vol. 54：298.

事实上，他忽略了这种框架很难在"注意力不集中的习惯程序"这样的术语中进行解释，因为整个事情是很明显。更可能的解释是恰恰是相反的，因为对于每一位受过良好教育的哲学家而言，他们已经（正确地）知道常识性的因果关系模式是粗糙且常误导的概述。你不能（这样的故事去）对这个间隔有多长作出任何合理的陈述，只是事件的日期，在初始条件下有多少变化会发生；无论如何，你不能这样处理，并期望出现超出近似值的定律。①

科瑞认为，这种因果分析框架不会出现共支撑思想：

因此，这种思维方式对一个精确分析者来说是不可用的。然而，我认为这种因果框架是对实际断定一般反事实的背景，更重要的是，这不可能出现共支撑问题。②

但是，在某些反事实语句中，前件提到的情况会与时间同时发生，所以，时间因素不能有效地排除实际没有出现的事情，并以此作为条件不相关的依据。例如，如果我们在一定条件下对一根铁棍进行加热，使它的温度持续升高，这根铁棍会在达到一定温度时颜色发红，那么如果我们在另外的时间、以相同的条件对几根相同的铁棍进行加热，那么它们会在相同的时间发红，不会差之毫厘。另外，并非在基础时间、摩擦期间火柴干燥，而是与火柴干燥瞬间相接的摩擦后点燃的定律中摩擦火柴。因此，帕里和科瑞的解决方案是存在问题的。

5. 斯隆的思路

为了解决帕里和科瑞所面临的难题，斯隆（Michael Slote）进一步地精致了这条进路，他与古德曼特别重视时态和方向不同，他的解释基本上利用了帕里、科瑞等人的直觉，但又有所不同。与其他人不同的是，斯隆利用了"时间基础"（base - time）这个概念来精致"覆盖律则"，为了更好地说明自己的理论，斯隆举出了三个反事实条件句：

---

① Cooley, J. C. (1957), "Professor Goodman's Fact, Fiction, & Forecast", *The Journal of Philosophy*, Vol. 54: 298.

② Cooley, J. C. (1957), "Professor Goodman's Fact, Fiction, & Forecast", *The Journal of Philosophy*, Vol. 54: 298.

（A）如果我（曾经）跳出窗户，我不会伤害到自己（因为在没有铺好安全网之前，我从来没有这样做，因为到明天，我有铺设这种网的所有手段和意图）

（B）如果我现在跳出窗户，我会伤害到自己（在人行道下面）

（C）如果我已经跳出窗户，我会直接伤害到自己（在人行道下面）①

按照古德曼的共支撑理论，一般来说，共支撑理论认为具有（时态）"would"反事实条件句仅仅在它的后件可以从它的前件和/或存在的背景条件与它的前件加上相关定律共支撑，这个条件句才是真的，这是当我们断定一个 would 的反事实条件句时的相信。为了说明自己的反事实条件句理论，斯隆引入了新的概率"基础时间"，那么，什么是基础时间呢？斯隆对此进行了界定：

沿着前件和定律，与前件共支撑的条件假设所产生的后件在所有单一时间隐含地认为是存在的，而不是在不同的时间里广泛存在。我称这个时间为反事实条件句的基础时间（base－time），并且由于共支撑条件在当时认为是存在的，我们可以使用虚拟字母"b"代表（联合存在）的那些条件。②

为了更好地说明基础时间，斯隆又提出了一个基准时间（reference－times）概念：

例如，我认为这两种语句（A）和（B）的基础时间是当前说话的时刻，把其定义为狭义的可能是适当的。而这两个语句是关于未来的。但（B）使用的"现在"在我称为两个反事实条件句的前件的基准时间（reference－times）中出现了差异，实际上，（B）说如果我马上跳出窗口，我会伤害自己。它的前件"现在"在通常的方式所指的不是在当前的时刻，而是在不久的将来的某个时间（周期）。另一方面，（A）前件的基准时间不是不久的将来，而是在一般的将来，这里，不同基准时间的事实有助于解释如何切断它们的附加说明，看

---

① Slote, M. A. (1978), "Time in Counterfactuals", *Philosophical Review*, Vol. 87: 3－4.

② Slote, M. A. (1978), "Time in Counterfactuals", *Philosophical Review*, Vol. 87: 4－5.

似不相容的（A）和（B）可以都真。

斯隆用基准时间和基础时间来说明一个具有时态"would"反事实条件句为真的条件：

> 就目前而言，我们可以说，时态"would"反事实条件句为真，当且仅当有在它的基础时间存在的条件（共支撑它的前件为真相对于它的基准时间），加上相对于它的基准时间的前件真和确定的定律，逻辑衍推后件相对于它的基准时间为真。①

实际上，（A）说存在这样的已知定律，并且假设我将在未来的某个时刻跳出窗户的当前条件，接下去我不会直接伤害自己。而当其括号内提到的条件存在时，（A）可以是真的；在它当时的基础时间获得的条件包括：我现在知晓不愿跳出窗口，我有铺设安全网的所有手段和意图，不存在周围的因素可能干扰我不愿意跳出窗口和不保证我的安全网。对此，斯隆认为：

> 在另一方面，（B）在（A）的情况下可以是真的，因为现有在它当前的基础时间的存在条件，共支撑它的前件，加上相对于它的基准时间、紧接的未来、确定的定律的前件的真，衍推相对于它的基准时间的后件。这些条件包括目前没有安全网和目前下面的路面硬度。但这并不包括我现在不愿立即跳出窗户，而在这种情况下，不存在破坏我不愿意跳出窗户的趋势。②

对于这种情况，我们不难发现，最后一个条件与（B）的前件是不共支撑；和这种（A）和（B）的差异不仅仅在其基准时间来自不同的结果，而且决定允许它们两个都真，尽管它们似乎不相容。（这里，我们直觉上合理的非共支撑随后将证实当我们定义共支撑的概念时）在（A）为真的情况下，反事实条件句（C）的真可以在更多相同方式下得到解释。因此，斯隆认为：

---

① Slote，M. A.（1978），"Time in Counterfactuals"，*Philosophical Review*，Vol. 87：5.
② Slote，M. A.（1978），"Time in Counterfactuals"，*Philosophical Review*，Vol. 87：6.

（C）的前件显然是指在当前时刻，而不是（B）中的不久的将来。但是，如果我们假设（C）的基本时间是当前，则与它的前件共支撑的基础时间条件将包括我们所说是（B）的前件共支撑条件，但是并不包括我现在不愿立即跳出窗户，而在这种情况下，并不存在破坏我不愿意跳出窗户的趋势。这样，我们就可以从定律，共支撑条件和前件真的基准时间，推断出（C）的后件的真。①

在进行了例子的分析后，斯隆提出了一个反事实条件句为真的条件：

一个具有时态"would"的反事实条件句是真的当且仅当：（1）它的后件可以由它的前件自然衍推；或者（2）存在具有时间基础特征的条件 b，与它的前件缺乏一种关系，它在时间基础所获得内容很自然与前件相容，这种情况下存在一个依据前件和/或 b 加上非统计的（因果）定律的有效（单独）后件解释。②

斯隆的解决方案诉诸于某种优先性或者是不对称性，从上述表述不难发现，斯隆所指的反事实条件句时间基础是条件句前件和产生后件的定律所获得相关因素的时间，时间基础包括火柴的实际干燥，但不包括时间基础后实际上没有点燃的时间，这种情况实际上内含着一种优先性或者不对称性，即优先考虑时间基础时的火柴状况，而没有考虑时间基础后火柴没有点燃的时间，因此，斯隆解决方案中内含的不对称性或者优先性本身是难以理解的。综合上述分析，我们对用时间因素来解决"相关条件"难题得出如下观点，我们认为定律很难指示相关性，并且单纯依据时间来定义相关性也是困难的。也就是说如果我们依据反事实条件句来说明这种解释"简单覆盖律则"的方向，那么我们的理论会陷入一种循环的困境。如果我们不依据循环来解释"简单的覆盖律则"，那么我们只能按照我们解释思路来说明条件句，而解释在说明条件句中的作用仅仅是假定问题正确，而不是问题的最初出发点。

6. 波洛克（Pollock）的思路
在处理反事实条件句时，波洛克提出了"简单命题"的思想，但是，

---

① Slote，M. A. （1978），"Time in Counterfactuals"，*Philosophical Review*，Vol. 87：6.

② Slote，M. A. （1978），"Time in Counterfactuals"，*Philosophical Review*，Vol. 87：17－18.

正如波洛克所言，学界并不喜欢这个概念：

> 我们的虚拟条件句分析很大程度上取决于简单命题的概念。当我们分析因果和概率时，简单命题也会扮演重要的角色。简单命题在这些分析中扮演的重要角色是不幸的。当代哲学家不喜欢简单的命题，即使我们能够成功地提供一个简单命题概念的充分分析，这里，它们的使用会使许多哲学家感到厌恶。也许，我们要审查我们如何对此进行修复。①

波洛克认为我们虚拟条件句分析背后的基本思想是，与做出最小改变以适应反事实条件句假设的真有关：

> 经过检查，似乎一个最小变化的概念只会使得一个已知简单命题概念有意义。在做出最小变化过程中，我们不能把所有命题视为一样，因为这将导致几乎所有的变化都是最小的，对于任何我们想使其为真的假命题的有穷集合，我们总是可以形成它们的合取，然后把这些合取的真视为一个单一变化。②

波洛克认为要排除这种情况的唯一办法就是，从我们决定是否一个改变是最小的命题中设法排除合取和析取：

> 即是假设有一类简单命题，这样做也只是假设有一类命题不是合取，析取，等等。因此，好像唯一使得最小变化有意义的方法是依据简单命题。看来我们别无选择，只能尝试简单命题的意义。③

波洛克认为事实上认为从认识论的观点来看，一个简单命题概念是完全有意义的，在一下子就知道的命题与一开始只知道其中的一部分的命题之间有一种直观的区分：

> 更确切地说，我们要排除合取，析取，和一般的逻辑复合不是简单的。这显然不是要排除所有相当于合取、析取等的命题，因为这将

---

① Pollock，J.（1976），Subjunctive Reasoning. Reidel, *Dordrecht*. 91.

② Pollock，J.（1976），Subjunctive Reasoning. Reidel, *Dordrecht*. 91.

③ Pollock，J.（1976），Subjunctive Reasoning. Reidel, *Dordrecht*. 91.

排除所有命题。在某种意义上，我们要排除这些真的合取、析取命题。我认为这样命题的特征是：知道它们为真的唯一非归纳方式是通过确定其合取或析取的真，然后依据相应的逻辑推理进行推导。①

为此，他举出了一个"车是白色""车有四个车轮"这种命题构成的例子来说明上述问题：

> 例如，知道"或者车是白色或者车有四个车轮"真的唯一非归纳方式是知道其中的一个析取肢为真。但是，虽然"车是白的"等价于"或者车是白色的并且有四个轮子，或者车是白色的并且没有四个轮子"这个析取，但是，在我们知道车是白色之前，我们不知道这些析取肢的真。②

波洛克认为合取的情况是类似的析取的情况，知道了"车是白色并且车有四个车轮"这个合取为真的唯一非归纳方式是了解两个合取肢的真。但是，波洛克认为与合取和析取的情况相反：

> 我认为一个简单命题是可以非归纳的知道其为真，而不是先知道衍推它的某个合取肢和析取肢的真。合取和析取不是简单的，因为要（非归纳）知道一个析取是否为真，你必须从它的析取肢中推断它，要（非归纳）知道一个合取是否为真，你必须从它的合取肢中推断它。但一个如"车是白色的"的命题似乎是简单的，因为可以通过它的意义直接决定，而不需要从衍推它的其他命题逻辑来推断它。这是我们的简单命题概念，其基础是一个认识论概念。③

波洛克认为一个简单的命题是可以通过某些直接的方式（命题的意义支配）非归纳地知道其为真，而不涉及从某些我们一开始可能就知道的非常（认识复杂度）简单命题逻辑演绎出的命题。基于此，波洛克提出了简单命题的界定条件：

> P是简单的当且仅当非归纳地知道P真在逻辑上是可能的，而不

① Pollock，J.（1976），Subjunctive Reasoning. *Reidel*，*Dordrecht*. 92.
② Pollock，J.（1976），Subjunctive Reasoning. *Reidel*，*Dordrecht*. 92.
③ Pollock，J.（1976），Subjunctive Reasoning. *Reidel*，*Dordrecht*. 92.

是首先知道某些衍推 P 的集合 Γ 中每一个命题的真。①

当然，波洛克也清楚，他的简单概念的分析严重依赖认识论，这可能遭到某些学者的诟病，但是，他认为这也是无奈之举：

> 不幸的是，这种分析的成功基于某些认识论的真。虽然我在其他地方为这些理论做过辩护，但一个不接受他们的人也不可能接受上述简单命题的分析。但我不认为任何事情都可以做到这一点，一个简单命题的概念基本上是认识论的，因此它的特征必须依赖于认识论。②

7. 科维的解决思路

为了解决上述难题，有些学者以另外的视角来看待"相关条件难题"。从古德曼的表述看，古德曼所提出的火柴的例子是因果性的，但他并没有规定"由定律所导致"的语词应该理解为只对因果律进行重新限制，正是基于这一点，科维（Igal Kvart）提出了与帕里、科瑞和斯隆等人不同的解释思路，科维借助于因果相关的概念来解决"相关条件难题"，即用因果不相关和纯粹的正因果相关概念对"简单的覆盖律则"进行辩护。在科维的解决方案中，因果相关和不相关不是初始概念，他只是把它们定义为概然性的，在进行反事实条件句的分析之前，他提出了两个分析，分别是"分析 I"和"分析 II"，在分析 I 中，他用符号"—L→"表示使用自然律 L 进行的衍推，科维所提出的"分析 I"如下：

> 分析 I：
> 一个反事实条件句 A > B（n. d 类型③）是真的当且仅当
> $$\{A\} \ \cup W_A \cup \left\{ \begin{array}{l} \text{在 }(t_A, t_B)\text{ 中描述事件 A 的（非似律）真} \\ \text{语句或者因果不相关或者纯粹的正因果相关} \end{array} \right\} — L → B$$
>
> （W_A 是 t_A 的世界的前史）④

---

① Pollock，J.（1976），Subjective Reasoning. *Reidel*，*Dordrecht*. 93.

② Pollock，J.（1976），Subjective Reasoning. *Reidel*，*Dordrecht*. 93.

③ "n. d 类型"是"nature divergence type"的缩写，科维选择这个名称的原因是想沿袭可能世界描述的思路：对于这种反事实条件句，相关于可能世界描述评价的可能世界描述将与所有从 t_A 开始的现实世界"相异"。

④ Igal Kvart（1992），Counterfactuals. *Erkenntnis*. Vol. 36；143－144.

在提出"分析 I"后，科维随后认为，一个可以接近 n. d. —类型的不同反事实问题，让我们再次询问，当我们评价一个反事实预设时，何种陈述在适用真实事件过程［在（tA，tB）］被保留了下来？在这种情况下，这样的真陈述仍然被认为是真实的？在这种情况下，一个反事实预设如何进行评估？显然，那些仍然为真的陈述使得反事实预设为真，这是确切的；也就是，具有反事实预设的真半事实语句后件［适用（tA，tB）］作为前件。因而，具有前件 A 的半事实语句服务于区分现实世界描述［在（tA，tB）］的部分，其中其在 ~ A 到 A 的转化中是常量。因而，他提出了"分析 II"：

分析 II：
一个反事实条件句 A > B（n. d 类型）是真的当且仅当

$$\{A\} \ \cup W_A \cup \left\{ \begin{array}{l} \text{具有 } t_C \subseteq (t_A, t_B) \text{ 真半事实条件句} \\ (\text{semifactual}) \ \ A > C \text{ 的后件} \end{array} \right\} —L \rightarrow B①$$

对于古德曼的反事实条件句思路，科维认为可以用符号表示如下：

古德曼开始试图通过发现相关条件［其充当隐含前提（除定律外），就像我们上面在第一部分所讨论的］，于是，他移向了这种形式的表征：(ES)［S &（A& S—L →B）& C（S）］（一种齐硕姆也完全具备的特征，尽管古德曼对其也考虑了不同限制），然后进行了形式的表征：

(ES)［S &（S& A—L →B）& R_1（S，A，B）］
　　& (ES′)［S′&（S′& A—L →B）& R_1（S′，A，B）］

这里，S 和 S′是陈述的集合，R_1（S，A，B）是对 S 的一个限制。因而，古德曼提出了共支撑问题——如何排除与前件不共支撑的真陈述——并且得出结论，承认自己的思路会导致一个无限的倒退。②

---

①　Igal Kvart（1992），Counterfactuals. *Erkenntnis*. Vol. 36：153.

②　Igal Kvart（1992），Counterfactuals. *Erkenntnis*. Vol. 36：154 – 155.

科维认为古德曼的这种公式化思路是有问题的，因为它会导致平凡性问题：

> 然而，古德曼的公式化不只是不恰当的问题；S 关于 {N &（A ⊃ C）} 和 S关于 {N &（A ⊃C）} 也是平凡。在一定条件下，这一点是很容易满足的。①

科维认为古德曼的这种公式化除了会导致平凡性问题外，而且是很难进行修正的，因此，这种思路是没有出路的：

> 而且，如果我们反事实条件句的分析（反事实条件句作用与反事实假设）是恰当的，通过进一步非激烈的修改的策略是极其不可能实现的。②

这是因为：

> 正如我们上面提到的，我们的分析表明，i. p. 函数是独立于 B 的。然而，似乎任何重新公式化古德曼的建议，以适合推理模式这种形式的尝试必须使用函数/B 作为一个参数。因此，除了上述已知的平凡性论证，如果我们的进路是在正确的轨道上的话，古德曼的非常策略（超越和超出了他所发展的特殊形式）是没有出路的。③

古德曼把共支撑问题视为解决反事实条件句的核心，也认为是导致无限倒退问题的症结所在，但是，科维认为问题的核心不是共支撑的问题，而是反事实条件句自身的问题：

> 古德曼的共支撑问题，他认为这是反事实条件句问题的症结所在，这导致他无限的倒退，事实上，这不过是变相的反事实本身的问题。因此，对于一个给定的前件 A，虚假陈述集合作为 A 的后件，形成真正的反事实条件句，这只是 A 不共支撑的真陈述的否定集合（因为 A 与 B 不共支撑当且仅当 ~ B 会是这种情况，A 是这种情

---

① Igal Kvart（1992），Counterfactuals. *Erkenntnis*. Vol. 36：155.
② Igal Kvart（1992），Counterfactuals. *Erkenntnis*. Vol. 36：155.
③ Igal Kvart（1992），Counterfactuals. *Erkenntnis*. Vol. 36：155.

况）。因此，A > B 是真的（当 B 是假的时）当且仅当 ～ B 与 A 不共支撑。因此，任何恰当刻画反事实条件句的理论，事实上捕获了陈述与真反事实条件句假后件否定的集合的前件并不共支撑。反之亦然：表征共支撑直接产生了关于反事实条件句的真值条件。①

古德曼为了避免与前件不相容的问题，其策略是他消除了与前件不相容的问题：

> 然而，为了避免与前件不相容（通过定律），为了有剩余语句集合描述的相关条件，古德曼的路径源于这个策略，即消除所有真事实陈述的集合的陈述。很明显，消除后，没有任何陈述与前件不共支撑，所有与前件不相容的也被消除了。因此，古德曼进路的推力达到设想共支撑问题的解决，以作为一个相关条件问题的解决：消除与前件不相容的问题。②

科维把古德曼的无限倒退问题和分析 Ⅱ 中的无限倒退问题进行了类比：

> 让我们通过聚焦于类比来扩大这一点，即把古德曼的有关与前件不相容的陈述的无限倒退的问题和在分析 Ⅱ 中我们所遇到的无限倒退问题进行类比。反事实条件句的半事实条件句分析（以上 8 节）。关于（t_A，t_B））的真陈述 C 的集合可分为三种：（1）指 A > ～ C 是真的，与 A 不共支撑；（2）指 A > C 是真的，真后件与半事实的前件 A；（3）那些既不是 A > ～ C 也不是 A > C 是真的。③

科维认为古德曼所提出的消除了与前件不相容的策略是有问题的：

> 古德曼的问题是如何排除第一集合的；我们的问题是如何包括第二集合的。在第一集合和第二集集合都是通过指定一个反事实的形式，从而威胁到一个无限倒退。综上所述，我认为，古德曼的问题根源于外延的不足：只包括消除与前件非共支撑的陈述不会解决这个问

---

① Igal Kvart (1992), Counterfactuals. *Erkenntnis*. Vol. 36：156.

② Igal Kvart (1992), Counterfactuals. *Erkenntnis*. Vol. 36：156.

③ Igal Kvart (1992), Counterfactuals. *Erkenntnis*. Vol. 36：156.

题，尽管与前件共支撑，第三组的陈述不应被视为隐含的前提（回忆肯尼迪案例 7、例 8 以上的彩票案）。①

古德曼的问题也是以下基本概念的衍生物，即认为反事实条件句的核心问题是避免与前件不相容性问题的结果：正是这种观念产生了共同性支撑问题的中心。科维认为这是一个错误的考虑：

> 然而，这是一个误解的问题，其也引起了这样的观点，即被称为是恢复的一致性，通过"最小的遗漏"或"最小的变化"（或诉诸前件为真的其他可能世界的"最大直觉的相似"）。根据我的进路，所谓的"伸展充分性"不是通过这样的最小变化来避免不一致的，而是保留那些不是由前件产生风险的真的陈述，或者那些仍然为真的真陈述前件为真。②

究其原因，科维认为：

> 就像上面所说的，在这种进路中，共支撑性问题并没有出现。在这种进路中，它产生的途径主要集中在相容性问题为根本的困难，并试图通过最小遗漏或最小的变化来处理它，进而会担心如何确保所有陈述与前件不共支撑都被包含在这些疏漏中。③

科维认为借助于概率分析、子群和隐含前提，可以解决第二陈述中的无限倒退问题：

> 但在讨论分析 II 中，除了伸展充足的问题，我们已经能够克服在上述章节提到的第二陈述集合的无限倒退问题（这个类似古德曼第一部分问题），借助于概率分析，对 irrel – semifactuals 和 pp – semifactuals 后件，通过设置这些陈述的子群来提出一个独立表征。并通过观察本集合的剩余部分属于子群加上前件和其他隐含前提的逻辑闭包，其中组成分析 I 的图标（1）的前件。④

---

①　Igal Kvart（1992），Counterfactuals. *Erkenntnis*. Vol. 36：156.

②　Igal Kvart（1992），Counterfactuals. *Erkenntnis*. Vol. 36：156.

③　Igal Kvart（1992），Counterfactuals. *Erkenntnis*. Vol. 36：157.

④　Igal Kvart（1992），Counterfactuals. *Erkenntnis*. Vol. 36：157.

对于古德曼无法摆脱的无限倒退问题，科维认为是古德曼没有考虑对反事实条件句子群给予独立的分析：

> 因此，我们要避免无限倒退的能力部分依靠对反事实条件句独立说明的可用性的能力（即分析 I），部分依靠愿意对一个反事实条件句子群（the irrel – semifactuals 和 pp – semifactuals）提供一个独立的分析。古德曼不能采取另一种分析（他已经比较早的放弃了推理模式），并没有考虑对反事实条件句子群给予独立的分析。因而受到限制，他不能使自己摆脱无限倒退问题是可以理解的。①

但是，有些明显可接受的反事实条件句没有涉及因果性，也没有涉及因果律。正是基于这个原因。2003 年，本内特（Jonathan Bennett）尝试对上述两种思想进行改良，与其他人不同的是，本内特借助了"简单命题"（simple propositions）这一概念。

8. 本内特的解决思路

本内特认为尽管我们已经要求支撑条件与"A& 定律"在逻辑上必须相容，并且要求它不是由非 A 引起的，但是这是不充分的，也就是说古德曼解决这一问题的思路是有问题的。本内特认为出现这个问题的原因有两个：（1）单独的反事实条件句成立有问题。（2）这种解决思路会产生一对矛盾条件句。而古德曼仅仅考虑了第二个问题，即两个矛盾条件句。本内特则认为第一个原因更加重要，为此，他举出了一个例子：

> 把 T_1 看做在朝鲜战争高峰时的一个时间，T_2 是一个月后或者更晚的时间。我规定在 T_1 这个时间，琼斯事实上没有去朝鲜。现在，我们目前为止所做的分析会暗示：
> 如果琼斯已经在 T_1 时去过朝鲜，他在 T_2 时会成为一个战俘。
> 支持条件中的一个很强的值会包括"琼斯确实没有在 T_1 时去南朝鲜"。当这一点和 A 结合时会产生"琼斯在 T_1 时去过北朝鲜"这样一个结果，其和其他合理的真结合，能产生"朝鲜 > 战俘"的条件句。

① Igal Kvart (1992), Counterfactuals. *Erkenntnis*. Vol. 36：157.

　　这里有些东西是错误的：只是因为"琼斯事实上没有去南朝鲜"，"琼斯要去朝鲜"就变成了"他要去北朝鲜"，这明显是荒谬的。如果我们没有解决这个问题，我们就没有分析任何虚拟条件，除了一些不需要支持的独立的虚拟条件句外。①

本内特认为，古德曼的解决思路会产生如下的结果：

　　除了那些非依赖反事实条件句以外，结果是所有虚拟条件句都是假的。对于在支持条件中起作用的依赖性条件句总有竞争性。这个技巧是简单的。如果 A 是假的，那么对于任何的 R，A ⊃ R 是真的，并且 A ⊐￢ R 也是真的，并且这些真值都是和 A 是相容的。设想"他没有去北朝鲜"就等于"他去了朝鲜 ⊃ 他去了南朝鲜"，并且类似地对于"他没有去南朝鲜"也如此。②

　　对于帕里建议对古德曼分析进行修正来处理这个问题，其第一部分要求在支持条件中没有合取被￢ A 所衍推。本内特认为这一点和帕里对因果倒置问题的解决在逻辑上类似：

　　两者都要求支持条件中没有合取作为因果或者￢ A 现实真的逻辑后承可能实际上为真。③

本内特认为当放在可能世界理论里考虑时，帕里的提议看起来是好的。因为：

　　R 在 α 和 W_1 中是真的，但在 W_2 是假的；问题是是否使 W_1 比 W_2 更接近 α。Parry 说事实上如果它是 ⊃A 的真的逻辑后承，那么它就并非如此。这看起来好像是正确的。在 α 中，存在一个 R 真的理由，也就是 ⊃A 真；并且该理由是不在每个 A 世界。并非 A 世界是 R 世界，理由是 α 是一个 R 世界；所以世界 A 变成世界 R 不能说明它接

---

① Bennett, J. (2003), *A Philosophical Guide to Conditionals*, Oxford University Press. 315 – 316.

② Bennett, J. (2003), *A Philosophical Guide to Conditionals*, Oxford University Press. 317.

③ Bennett, J. (2003), *A Philosophical Guide to Conditionals*, Oxford University Press. 317.

近 α。①

　　然而，本内特认为帕里的要求实现了支持条件为强不依赖 A 的要求，这意味着它们的每一个真值组合都是可能的。帕里指出我们必须假设在没有插入语的情况下"支持条件"是可表达的：支持条件中的合取的合取自身也是支持中的一个合取。否则，他对分析的修正的提议就会失败。考虑下述支持条件中的合取：

　　　　琼斯是个左撇子⊃琼斯在 T 时没有去北朝鲜，
　　　　琼斯是个左撇子。
　　　　每个都是真的并且与（A）"琼斯在 T 时去过朝鲜"明显无关，两者都不包含未能通过明显无关的测验的合取。然而，如果我们允许这两者都在支持条件中，那么我们将会重新陷入麻烦。②

　　那么，如何解决这个问题，本内特认为"琼斯在 T 时没有去过北朝鲜"这个翻版回溯到了支撑条件上，但是我们如何阻止它呢？

　　　　就像不包含任何未能通过明显无关测验的合取一样，支持条件必须不蕴含任何未能通过明显无关测验。支持条件的值正在给我们制造麻烦，尽管它的所有合取都通过了测试，它也是不合格的，因为它蕴含了某些未能通过测验的事情，即琼斯在 T1 时没有去过北朝鲜，这一点被¬ A 所蕴含。③

　　也就是说并非因为每个表面合格的支持值会衍推由¬ A 衍推的东西。给出任何两个有条件的真，存在一个它们都能衍推的偶然真，即它们的析取。因此，本内特认为一个更重要的困难可能已经在古德曼的潜意识中形成，并且看起来确实在帕里之前就形成了。如果帕里的限制涉及包含在支持条件中的语句，它将没有任何帮助，本内特认为这里存在两个问题，第一个问题是：

---

①　Bennett, J. (2003), *A Philosophical Guide to Conditionals*, Oxford University Press. 317 –
　　318.

②　Bennett, J. (2003), *A Philosophical Guide to Conditionals*, Oxford University Press. 318.

③　Bennett, J. (2003), *A Philosophical Guide to Conditionals*, Oxford University Press. 318.

因为我们能够轻易地创造一个语词来设计一个支持条件，尽管没有包括"如果"和"或"等言语装置，但包括形成我们不想要的老的相似类型的条件句元素。这就是为什么帕里说他的限制依据的不是就支撑条件口语包含的句子，而是支撑条件逻辑包含的命题——他谈到支撑条件逻辑等同的真值函项组成。然而，这点看起来使得限制异常强。①

第二个问题是：

支持条件必须在逻辑上不包含任何被¬A所蕴含的东西；但是任何支持的蕴含是逻辑地包含在它的合取中的，因为如果P蕴含Q那么P和Q&（Q⊃P）等同；所以帕里最新版本的限制暗含支持条件必须不蕴含任何被¬A所蕴含的东西。如我们所见，这并不完善，因为对于任何真的¬A和支持条件中包含的真的合取而言，一些真被它们所蕴含。我们仍然没有解决问题。②

本内特认为我们必须阻止"琼斯是个左撇子⊃琼斯在T时没有去北朝鲜"在支持条件中成为一个合取式：

如果它仅仅是一个句子外的问题，那么这项工作就变得容易了；但是纯粹的言语的限制无法满足我们的需要。使"snig"意指"并非左撇子且去了朝鲜"；那么我们能在支持中概括出"琼斯在T时刻是snig"，这里也会产生类似的困难。另一面来，如果我们排除了在任何条件下都逻辑等价于一个实质条件句，我们就排除了所有的事物。③

令人感兴趣的是，本内特解决这个问题的思路是想借助于波洛克的"简单命题"来修正帕里的解决思路，也就是说，他的解决思路融合了波洛克和帕里的解决问题的办法：

我们需要口头和逻辑中间的一些标准，通过他的简单命题概念，

---

①　Bennett, J. (2003), *A Philosophical Guide to Conditionals*, Oxford University Press. 319.

②　Bennett, J. (2003), *A Philosophical Guide to Conditionals*, Oxford University Press. 319.

③　Bennett, J. (2003), *A Philosophical Guide to Conditionals*, Oxford University Press. 319.

这一点可以从波洛克处理虚拟条件的方法中得到。根据这一点，"琼斯是个左撇子⊃琼斯在 T 时刻没有去北朝鲜"不是一个简单命题，并且我们希望能在这一点中发现，为支持条件中以合取形式出现的实质条件句的不合格找到一个基础。①

本内特认为目前这些处理命题的最普遍方式，并且是最安全和最自然的方式，是仅仅把它们衍推和被衍推的特征归给它们：

对于我们中的大部分来说，仅仅把它们决定了它们在什么世界中为真的特征归给它们。按照这个观点，仅有唯一的必然命题，并且仅有唯一的不可能命题；但是我们大多宁愿——尽管"相关的逻辑学家"并不这样——忍受这样的结论及通过解释消除表面上反对它们的证据。也不仅仅是否认命题的结构是附加于诸世界概念的一个不恰当的表现。②

本内特认为在这种情况下，我们需要命题具有结构，这样我们才能挑选出一些命题作为合取，另一些作为实质条件句等等。他给出命题结构概念的三种基本方式，第一种命题结构是：

命题是本质上具有结构的：每一个命题都是一个复合抽象对象，其组成部分是称之为"概念"的更小的复合抽象对象。这是弗雷格的观点。这是一种引人注目的思路；③

但是，对于这种命题结构，本内特认为是有问题的，因为：

没有人能成功表明——来满足我们其他人——概念是什么，或者说我们怎么知道概念的存在，以及它们怎样在命题中联结。毕竟每一种尝试概念的认识论似乎都使其成为我们如何谈话或如何思考的一个方面。④

本内特认为第二种命题结构是：

①　Bennett, J. (2003), *A Philosophical Guide to Conditionals*, Oxford University Press. 319.

②　Bennett, J. (2003), *The Journal of Philosophy*, Oxford University Press. 319.

③　Bennett, J. (2003), *The Journal of Philosophy*, Oxford University Press. 320.

④　Bennett, J. (2003), *A Philosophical Guide to Conditionals*, Oxford University Press. 320.

命题结构归于通过其所表达的句子结构派生出来的。①

但是，本内特认为这一点在某些语境中是有用的，但不是在上述结构中。因为他想采用波洛克的简单概念的思路来解决古德曼难题，而简单命题要求简单命题合取的支持条件必须没有任何被¬A所蕴含的合取。因此，本内特把这种命题结构分为了两类，并认为每一类都是无用的：

P是简单的≡P能在没有"if"等的情况下被表达。
P是简单的≡P不能用"if"来表达。
根据前者，任何东西都是简单的，根据后者，没有什么东西是简单的；因此两者都是无用的。②

本内特认为第三种命题结构是：

将命题结构归于依据我们的思想如何处理命题而派生的。③

本内特认为，这种结构可以解决"琼斯是个左撇子⊃琼斯在T时没有去北朝鲜"难题：

"琼斯是个左撇子⊃琼斯在T时没有去北朝鲜"，你会怎样表达，不是人们能够通过观察知道的，除了通过观察琼斯不是左撇子或者观察琼斯没有在T时去北朝鲜外。④

当然，本内特和波洛克一样，他也明白"简单命题"这个概念是认识论的，对于这一点，他指出：

这意味着：通过我们的喜好知道；它不否认在不知道任何蕴含"琼斯是个左撇子⊃琼斯在T时刻没有去北朝鲜"的情况下，在逻辑空间的某处可以通过观察知道（用波洛克的话说就是"非归纳地"）它。我们可能希望从比它更严厉的形而上学角度来分析虚拟条件句，

---

① Bennett, J. (2003), *A Philosophical Guide to Conditionals*, Oxford University Press. 320.
② Bennett, J. (2003), *A Philosophical Guide to Conditionals*, Oxford University Press. 320.
③ Bennett, J. (2003), *A Philosophical Guide to Conditionals*, Oxford University Press. 320.
④ Bennett, J. (2003), *A Philosophical Guide to Conditionals*, Oxford University Press. 320.

与人的能力没有特殊关系；但是我们没有权力坚持最好的分析将会实现这些希望。①

基于此，本内特得出了解决上述问题的分析思路：

A > C 是真的 ≡C 被（A& 规则 & 支持）蕴含，这儿的支持是真的合取，这些真（1）不是由于￢A 真得出的，（2）简单而明确的与 A 无关。②

本内特认为该分析解决了目前为止本章所有的质疑，并认为这种解决思路看起来是我们在支持理论中所能做的最好的了：

其条件（1）解决了因果倒置问题，条件（2）解决了逻辑清理问题。③

本内特认为条件（1）可以解决因果矛盾问题，条件（2）可以解决逻辑清理问题。

但是，通过上述论证，我们不难发现，本内特为了解决帕里思路的问题，提出了覆盖律则中的前提相关支撑条件语句必须是一个简单命题，而不能是一个实质蕴涵条件句或者析取语句。在这种解决思路中，出现了简单命题的概念。

这里面存在两种情况：一种是什么是命题，二是如何界定简单。

关于命题，学界实际上是有争论的，一般认为命题是指一个判断（陈述）的语义（实际表达的概念），这个概念是可以被定义并观察的现象，是表达判断的语言形式，由系词把主词和宾词联系而成。但是，这种界定简单命题的方法是有问题的，定义命题的核心就是界定命题的结构，一般来说，命题的结构有三种：

第一种是传统的观点——弗雷格观点。他认为每一个命题都是一个复合抽象实体，其组成部分是称之为概念的更小的复合抽象实体。

按照这种观点，最简单的命题可以表述为"苏格拉底是人"这样的命题，简称 P 是人或动物，若以 s 代表"苏格拉底"，以 M 代表"人"，该类

---

① Bennett, J. (2003), *A Philosophical Guide to Conditionals*, Oxford University Press. 321.

② Bennett, J. (2003), *A Philosophical Guide to Conditionals*, Oxford University Press. 321.

③ Bennett, J. (2003), *A Philosophical Guide to Conditionals*, Oxford University Press. 321.

命题就可记为 M（s），这表示某一个体 s 具有性质 R。进一步说，最简单的命题的形式为 F（x），可读作论域中的个体 x 具有性质 F。但是，这种解释还是存在问题：概念是什么？我们如何在联结概念成为命题？也就是，我们不能把一个简单命题视为不能用逻辑合取表达，或没有逻辑合取表达。

　　第二种是可能世界的观点。这种观点认为命题是从可能世界到真值的函项。

　　按照这种观点，如果命题仅仅分析为可能世界的集合，那么会出现所有东西都是简单命题或所有都不是简单命题的情况。

　　第三种是情景语义学的观点。有些句子的言说，不是描写事态，也无所谓真假，而是一种言行行为。

　　按照这种观点，"一个简单命题是这样的，在事先不知道一些命题及蕴含它的命题真的情况下，我们就能非归纳地知道其真"（Pollock 1976：92），这是一种认识论的分析，但是，如果我们是用认识论术语表述这种简单的思想，那么，对我来说，下面的三个命题可以视为简单的："P 是鸟"，"P 是有羽毛的"，和"P 是两足动物"，在这种情况下，第一个语句可以视为是后两个语句的合取，所以，在认识论意义上诉诸于简单根本不起作用。

　　也就是说，本内特尝试解决反事实条件句的思路是想得到一个形而上的反事实条件句理论，而不是一个认识论意义上的反事实条件句理论。与可能世界进路相比，语言学进路的优势正是在于其认知的基础，因为一个理性的人认知真语句、因果律和逻辑衍推要比认知具有思考可能非现实世界的知识更容易，因此，我们认为本内特的做法偏离了语言学进路核心。

　　综上所述，对于原因和结果的关系，学界一般会用因果必然性、因果可能性以及因果解释来说明，那么，我们该如何理解因果之间的依赖性呢？显然，在《人类理智研究》第 VII 章第 II 部分结尾处，休谟提出了原因的两个著名定义：

> 　　类似的对象经常与类似的对象连接在一起，对于这一点我们是有经验的。因此，根据这个经验我们就可以将"原因"恰当地定义为：原因是一种由另一种对象随之而来的对象，并且所有有类似于第一种对象的地方，都有类似于第二种的对象随之而来。或者换句话说，如果第一个对象不存在，第二个对象也一定不存在。①

---

① 　［英］休谟：《人类理智研究》，吕大吉译，商务印书馆 1999 年版，第 68 页。

一种原因的出现，总是凭借习惯性的推移，使心灵转到结果的观念上。对于这一点我们也是有经验的。因此，根据这个经验我们可以给"原因"再下一个定义：所谓原因就是一种由另一种对象随之而来的对象，它的出现总是使思想转到那另一个对象上面。①

现有的因果分析皆源自休谟的定义，其中，演化出两条研究路径：一条是反事实条件句进路，这条研究进路偏重于认识论和方法论；另一条是规律进路，这条研究进路偏重于形而上学。实际上，这两条解释因果性的研究路径都存在问题，例如：

因为加热的金属物体会有规律地膨胀，所以加热金属条不是金属条膨胀的原因；加热的金属物体会有规律地膨胀，不如说是热引发金属膨胀。

因为该条件"如果这个开关没有被按下，光亮就不会发生"是真的，所以按下开关不是光亮的原因；该条件句是真的，不如说是按下开关引发光亮。②

按照因果关系，原因是一部分，结果是一部分，因此，这是一种二元的关系，按照普通逻辑，二元关系主要有对称关系、反对称关系以及非对称关系。

1. 关系的对称性

关系的对称性是指在 a 和 b 两个对象之间，如果 a 对 b 有 R 关系，然后根据 b 对 a 是否也有 R 关系，即当 "aRb" 成立，"bRa" 是否成立，将关系的对称性分为对称性关系、反对称性关系和非对称性关系。

对称性关系是指在 a 和 b 两个对象之间，如果 a 对 b 有 R 关系，b 对 a 也有同样的 R 关系，那么 a 和 b 之间的关系就是对称性关系。对称性关系的命题可以表示为，如果 "aRb" 成立，那么 "bRa" 也必然成立。例如：

（1）小李和小王是夫妻关系。

---

① ［英］休谟：《人类理智研究》，吕大吉译，商务印书馆 1999 年版，第 68 页。
② Sanford, D. H. (1989), *If P, then Q*: *Conditionals and Foundations of Reasoning*, London: Routledge. 210.

（2）1 米 ＝100 厘米。

（3）张三和李四是孪生兄弟，他们的外貌很相似。

（4）三角形 ABC 全等于三角形 BCD。

2. 反对称性关系

指在 a 和 b 两个对象之间，如果 a 对 b 有 R 关系，b 对 a 必然没有 R 关系，那么 a 和 b 之间的关系就是反对称性关系。反对称性关系的命题可以表示为，如果"aRb"成立，那么"bRa"必然不成立。例如：

（1）成年大象的体积大于蚂蚁的体积。

（2）李军是李小梅的爷爷。

（3）明朝早于宋朝。

（4）李白出生朝代晚于尧舜禹。

（5）二战期间，德国侵略了波兰。

（6）中国在澳大利亚的北面。

3. 非对称性关系

是指在 a 和 b 两个对象之间，如果 a 对 b 有 R 关系，b 对 a 可能有 R 关系，也可能没有 R 关系，那么 a 和 b 之间的关系就是非对称性关系。非对称性关系的命题可以表示为，如果 aRb 成立，那么 bRa 可能成立，也可能不成立。例如：

（1）克林顿总统认识奥巴马总统。

（2）张生喜欢圆圆。

（3）班主任严肃批评了这个不守纪律的学生。

（4）他总是在生活中对她进行无微不至的帮助。

回到古德曼的经典例子"如果火柴被摩擦，那么火柴会被点燃"。在这个例子中，条件"火柴干燥"是独立于条件"氧气"的，但是，这两者和"火柴被点燃"是相互依赖关系，在这种依赖情况下，依赖不需要是因果的。所以，我们必须明确是 C 依赖于 B 和 A，还是 A 和 B 依赖于 C，同时，A 和 B 是否可以相互独立地成为共同原因 C 的结果？显然，在古德曼的火柴的例子中，C 依赖于 A 和 B，A 和 B 都独立于 C。那么，如何区分是独立还是依赖呢？

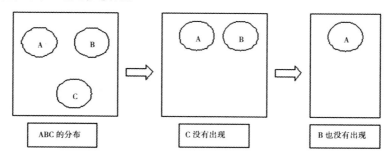

按照上面的分析，如果当事实 B 和事实 C 没有出现，同时事实 A 出现，那么，事实 A 和事实 B、事实 C 是独立的。

依赖性和条件还是有区别的，如果事实 C 依赖于事实 A，那么事实 A 是事实 C 的一个条件。如果事实 A 是事实 C 的一个条件，那么事实 C 依赖于事实 A 就是可能的。

再次回到古德曼"如果火柴被摩擦，那么火柴会被点燃"的例子，火柴是干燥的是火柴被点燃的必要条件，（实际上火柴是干燥仅仅可能是火柴点燃的必要条件，不是一定是火柴点燃的必要条件，而我们往往认为火柴干燥是火柴点燃的必要条件，实际上，潮湿的火柴也有可能被点燃）氧气是火柴点燃的必要条件。火柴是干燥的和氧气是相互独立的，显然，我们可以再往前推一步，还有很多事实是火柴干燥的必要条件，因此，这些事实也是火柴被点燃的必要条件，对于火柴变得干燥不是必要条件的事实是独立于火柴被点燃的。因此，干燥是点燃火柴的一个条件；而点燃火柴则不是干燥的一个条件。同样的原因，没点燃火柴也不是潮湿的一个条件。因此，在古德曼的例子中：

> 如果火柴 M 已经被划，那么它就会亮。
> 如果火柴 M 已经被划，那么它就不会是干燥的。

依据定律，好像这两个条件句都成立，但是，这两个条件句事实上是不可能同时成立的，我们可以质疑的是火柴潮湿或者干燥根本就不是条件。

总之，我们认为围绕"覆盖律则"所引发的问题进行相关逻辑哲学探讨是有意义的，从文献上看，尽管这种探讨是艰难的，因为这种讨论要牵扯到因果关系、定律、不相容等相关问题，其实，我们认为就是基于

"覆盖律则"这种思想的反事实条件句的核心——共支撑理论，也面临着巨大的挑战，当然，尽管存在困难，这种探讨却可以使得我们进一步廓清相关问题到底是什么，有助于厘清反事实条件句的问题，这对于我们进一步研究反事实条件句具有巨大的作用。总之，由拉姆齐所建议的条件句进路，最初由齐硕姆所探讨，古德曼所讨论的是最有影响的，抛弃了哲学方式而转向可能世界。我们承认定律本身常常不能决定独立方向，并且纯粹依据时间优先来定义独立方向是困难的。斯隆诉求的解释基本上利用了帕里、科瑞和其他人的直觉。斯隆解决方案的困难在于解释的不对称性本身是难以理解的。科维用因果不相关和纯粹的正因果相关概念来处理古德曼所提出的相关难题，以此对覆盖律处理条件句方案进行辩护。因果相关和不相关不是初始概念；科维把它们定义为概然性的。古德曼火柴的例子是因果性的，但是他没有规定"由定律所导致"的语词应该理解为只对因果律进行重新限制。斯隆的思想更加详细，他要求涉及不可满足因果律。科维则诉诸于因果相关的概念。但是，有些明显可接受的虚拟条件句没有涉及因果性，也没有涉及因果律。一个充分的虚拟条件句理论应该既能处理因果性也能处理非因果性的例子。

第二节　因果关系能拯救覆盖律则？

在《反事实条件句难题》（1947）中，古德曼提出了一种处理反事实条件句的思路，即一个反事实条件句的前件加上定律和相关条件衍推这个反事实条件句的后件，学界一般把这种研究路径称之为覆盖律则。这种源自拉姆齐和齐硕姆的研究思路在具体的操作中，却碰到了两个难题：相关条件难题和定律难题。处理这两个难题的办法主要有两种，一种是借助于条件选择，另一种是借助于因果关系概念。从目前的相关研究文献看，这两种解决思路都有问题，在本节中，我们主要来讨论因果关系的解决方案，方法是通过分析已有解决思路和面临的问题，进而尝试分析因果关系解决方案的优点和缺陷。

按照覆盖律则，我们可以依据相关真语句集合以及定律来判断一个反事实条件句的后件是否成立，这种思路看似没有问题，但是，如果相关条件的真语句集合中存在一个对前件否定的语句，那么我们就可以从（前件 & 真语句 & 定律）衍推出任何语句。为了解决这个问题，我们可以要求前件 A 与真语句集合 S 自相容，但是，仅仅做出这种限制还是不能解决问题，因为真语句集合 S 中可能会包含"与 A 相容，但如果 A 为真它们可能不为真"的语句，也就是衍推出"真语句不真"的语句，这很明显是悖谬的。对此，古德曼给出了一个例子：

> 对于给定的火柴 m，我们会断言，（i）如果火柴 m 曾被摩擦过，它就会点燃，但是会否定，（ii）如果火柴 m 曾被摩擦过，它就不会是干燥的。①

但是，根据覆盖律则，我们很容易得出语句（I）与（II）都是可接受的，具体分析如下：

我们之所以接受语句（I）是因为火柴 m 被点燃是与因果律的合取同时发生的，这些因果律包括 M 被摩擦了以及许多其他的真：空气的存在，M 是干燥的，M 是用磷制造的等等，这些真语句的合取恰恰是这个条件句为真的支撑条件。

我们之所以接受语句（II）是因为我们觉得火柴不是干燥也是与因果律的合取同时发生的，这些因果律包括 M 被摩擦了以及许多其他的真：诸如空气的存在，M 没有被点燃，M 是用磷制造的等等，这些真语句的合取也恰恰是这个条件句为真的支撑条件。

但是，根据相同的推理模式，我们也会得到与"如果火柴 m 曾被摩擦过，它就会点燃"相冲突的条件句，因为：

> 在语句（ii）的情形中可以把真语句"火柴 m 没有点燃"当作我们 S 中的一个元素，其中此真语句被认为与 A 相容（否则的话不可能要求任何语句连同 A 一起导出真的反事实语句（i）之后件的对立面）。对于我们总体的 A · S，我们有"火柴 m 被摩擦了。它没有点燃。它制作完好。氧气充足……等等；"并且据此，根据合法的一般定律，我们能够推断"它不是干燥的"②。

两者的推理依据都是依据覆盖律则，但是，语句（II）与语句（I）所依据的因果条件是有区别的，它们唯一区别是：我们把支撑语句（I）的因

---

① ［美］纳尔逊·古德曼：《事实、虚构和预测》，刘华杰译，商务印书馆 2007 年版，第 32—33 页。

② ［美］纳尔逊·古德曼：《事实、虚构和预测》，刘华杰译，商务印书馆 2007 年版，第 33 页。

果相容前提条件"M 是干燥的"去掉，换成了因果相容前提条件"M 没有被点燃"，从而得到语句（II）为因果条件。在这个例子中是"火柴 M 被摩擦"与真语句"M 是干燥的"因果相容的，但是，如果"火柴 M 被摩擦"为真，则真语句"M 是干燥的"不为真。显然，语句（II）与语句（I）是与相冲突的条件句。我们可以把古德曼的例子进一步具体化：

第一个衍推（前件 & 定律 & 摩擦 & M 是干燥的）衍推 M 被点燃（真）；

第一个衍推符合基本的逻辑（前件 & 定律 & 摩擦 & M 没有被点燃）衍推 M 不是干燥；

第二个衍推为真不仅需要条件（1）如果 M 被摩擦那么 M 被点燃为真，还取决于条件（2）如果 M 被摩擦那么 M 不是干燥的为假。

在第一个衍推中，M 是干燥的是真的。

在第二个衍推中，M 不是干燥的。

显然，我们把因果关系引入，目的是建立前件和后件之间的联系，避免无关问题的出现，但是有些支撑条件中的合取肢是不能作为因果关系的。但是，古德曼准确指出了问题的所在，对于火柴 M，"如果火柴 M 曾被摩擦过，它就会点燃"。其中的一个支撑条件中的一个合取肢是"M 是干燥的"。然而，正如古德曼所指出的，如果"火柴 M 没有点燃"也是支撑条件中可接受的一个合取肢，那么该理论断定"如果火柴 M 曾被摩擦过，它就不会是干燥的"为真，这显然是假的。因为火柴 M 已经是干燥的了是一个支撑条件，借助于同样的推理，我们又推出支撑条件中的火柴 M 不是干燥，也就是说，通过这种解决问题的路径，我们把一个确定为假的反事实条件句"如果火柴 M 曾被摩擦过，它就不会是干燥的"，得到其为真，这很明显是有问题的。因此，我们对可能的支撑条件的值的限制应规定"火柴 M 是干燥的"，而排除"火柴 M 没有被点燃"。如何解决这一问题？

1. 解决思路一：共支撑思路：

为了避免这一难题，我们必须限制它成立的条件（支持）是我们承认火柴已经是干燥的，并且能排除它没有被点燃的。这样，因果相容的概念将不能运用于此，对于如何清除这些"与 A 相容，但如果 A 为真它们可能不为真"的语句。对此，古德曼的解决思路如下：

　　　S 除了满足已经列出的其他要求外，还必须不但与 A 相容而且与

A 是"联合支撑的"（jointly tenable）或者与 A "共支撑的"（cotenable）。A 与 S 是共支撑的，并且合取 A·S 是自我共支撑的，如果不是这种情况："若 A 为真则 S 不为真。"①

尽管学界中很多学者赞同古德曼的解决思路，但是，古德曼的这种解决思路会面临循环的困难。为了解决这一问题，学界提出了一些与古德曼不同的解决办法。

2. 解决思路二：界定边界值条件

界定边界值条件这种解决思路的代表人物是雷切尔（Rescher Nicholas），他认为反事实条件句分为两类，一类是法则（nomological）反事实条件句，一类是非法则条件句，对于法则条件句，他认为：

这种反事实条件句是最简单的一种覆盖律则的反事实条件句规范。②

他认为法则反事实条件句会碰到古德曼所描述的上述难题，他把这个问题表述为：

这种解决足够告诉我们如何重构我们的相关信念。③

对于这个难题，雷切尔认为：

出现在这里的难题不是逻辑难题，而是一个包含定律概念的难题。④

如何说明这个问题？如何解决这个问题？雷切尔提出了自己的观点：

我们需要简要地指出一个可能的困难，即当定律应用时会出现的

---

① Nelson Goodman（1947），The Problem of Counterfactual Conditionals. *The Journal of Philosophy*，Vol. 44，120.

② Rescher Nicholas（1961），"Belief – Contravening Suppositions". *Philosophical Review* 70：189.

③ Rescher Nicholas（1961），"Belief – Contravening Suppositions". *Philosophical Review* 70：191.

④ Rescher Nicholas（1961），"Belief – Contravening Suppositions". *Philosophical Review* 70：191.

问题牵涉到确定"边界值条件"的满足，"边界值条件"的满意度必须由辅助假设规定。①

他用一个经典的例子"如果火柴被摩擦，那么火柴会被点燃"来说明这个问题：

> 信念：（1）所有的干火柴存在于含氧媒介中，当摩擦时，它会亮。（覆盖律）
> （2）M是干火柴（辅助假设1）
> （3）M位于含氧媒介中（辅助假设2）
> （4）M没有被摩擦
> （5）M没有被点燃
> 假设：假设M已经被摩擦。②

雷切尔认为这个假设直接需要我们拒斥（4），这是很明显的，因为我们除了一个法则反事实条件句，我们决定保留（1），对于拒斥哪一个，他认为存在三种选择（对于这三种选择，为了更加的直观，我们在本书中用图表的形式予以呈现）：③

方案1		方案2		方案3	
保留	拒绝	保留	拒绝	保留	拒斥
（1） （3） （5）	（4） （2）	（1） （2） （5）	（4） （3）	（1） （2） （3）	（4） （5）

对于这几种选择，雷切尔认为：

> 然而，如果我们决定不但要把我们的定律（1）视为不可侵犯的，而且我们还要把确保其使用的辅助假设（2）、（3）视为不可侵

---

① Rescher Nicholas（1961），"Belief – Contravening Suppositions"，*Philosophical Review* 70：191 – 192.

② Rescher Nicholas（1961），"Belief – Contravening Suppositions"，*Philosophical Review* 70：192.

③ Rescher Nicholas（1961），"Belief – Contravening Suppositions"，*Philosophical Review* 70：192.

犯的，很明显，我们降低了采用方案3。在这种情况下，我们能证明这个"似真"的反事实条件句正确："如果火柴 M 已经被摩擦，它将会亮"。与之相反，它的"非似真"竞争者是不正确的："如果火柴 M 已经被摩擦，它不会是干燥的。"和"如果火柴 M 已经被摩擦，它会位于存在于含氧媒介中"。①

对于这个结果，古德曼在对雷切尔的信件中提出了这种分析的一个有趣的批评。其内容如下：

> 覆盖律则（I）具有的形式：（L）任何满足条件 C_1，C_2，…，C_n 必须表现出特征 C。但任何这样的定律在 n 中都可以重新公式化为逻辑等价类型的版本：（L_i）凡满足条件 C_1，C_2…，C_{i-1}，C_{i+1}…，C_n，$\neg C$ 必须表现出特征 $\neg C_i$。现在正如 L 证实目前分析的"正确"反事实条件句，所以 L_i 证实它的"不正确"的选择。②

但是，雷切尔认为这种表述是有问题的，因为这两种情况不是在任何语境中都可以互换的：

> 在我的心中，古德曼的评论没有建立法则反事实条件句目前分析的不足，而是说明了这里的重要事实，就像在归纳逻辑的其他分支中，不仅要考虑定律陈述的内容（即实体内容），而且还要考虑它们的逻辑形式。尽管它们演绎等价（相互可推断），但是在归纳逻辑范围的讨论中 L 和 L_i 都不可互换。③

雷切尔之所以得出这种结论，源自亨普尔（C. G. Hempel）确证理论中的著名的"天鹅悖论"，因为"所有的天鹅都是白的"和"所有非白色的东西是非天鹅"要求非常不同的验证程序：

---

① Rescher Nicholas（1961），"Belief – Contravening Suppositions", *Philosophical Review* 70：192 – 193.

② Rescher Nicholas（1961），"Belief – Contravening Suppositions", *Philosophical Review* 70：192 – 193.

③ Rescher Nicholas（1961），"Belief – Contravening Suppositions", *Philosophical Review* 70：192 – 193.

　　这一重要事实的决定性例证是亨普尔（C. G. Hempel）确证理论中的著名的"天鹅悖论"：尽管它们演绎等价，概括"所有的天鹅都是白的"和"所有非白色的东西是非天鹅"要求非常不同的验证程序——前者我们必须收集的天鹅和检验它们的颜色，而对于后者我们必须收集非白色的物体并确定其种类。①

　　因此，雷切尔认为当基于定律形式 L 的反事实条件句是给定的，从 L 迁移到它的等价 Li 再迁移到一个反驳反事实条件句的建立是不允许：

　　　　我可以补充说，如果维持 L 和 L$_i$ 是完全等价的，这其中的选择是任意的（甚至在归纳语境中），那么，所有依据其中几个相互反驳法则反事实条件句的单独证成事实上是被废止的。这将导致法则反事实条件句具有以下的结果：断定其中几个相互反驳的竞争者是偶然的。②

　　但是，雷切尔的分析还是存在问题的，其中的一个问题是如何看待亨普尔的"天鹅悖论"，雷切尔借助于为了说明归纳法违反直觉而提出的一个天鹅悖论来说明 L 和 L$_i$ 的不可交换性是有问题的，他错误地理解了"天鹅悖论"。对于这个问题，我们认为"所有的天鹅都是白的"是对这句话为真的正向扩张，"所有非白色的东西是非天鹅"是对"所有的天鹅都是白的"为真的逆向收缩，其都能达到证实的目的。第一种情况刚开始是容易的，随着验证的继续会越来越麻烦，其是一个从小到大的过程，这种情况在统计学中是便于实施的，第二种情况是一个从大到小的过程，在统计学中难于实施，但是，这并不就因此否定在逻辑上可以实施，我们认为，这两种情况在逻辑上可以实施是没有问题的，只是在具体的某一个验证过程中可能会出现验证的强度出现偏差，但是从理想的总体上看，都能达到完美的结果。当然，不同的主体基于不同的目的或者本能可能会选择不同的验证方式。

　　还有一种情况"观察到黑色的铸铁"仅仅是可能对"所有非白色的东西是非天鹅"的部分证实，不是完全证实，因为这种验证可能就是错误的，因为实质上"黑色的铸铁"含有两层含义：（1）黑色的；（2）铸

①　Rescher Nicholas （1961）, "Belief‐Contravening Suppositions", *Philosophical Review* 70：192－193.

②　Rescher Nicholas （1961）, "Belief‐Contravening Suppositions", *Philosophical Review* 70：192－193.

铁。第一个含义黑色也是已经发现的天鹅的一个特征，毕竟存在黑天鹅，"黑色"和"铸铁"这两者合起来才能对"所有非白色的东西是非天鹅"存在证实关系。"观察到红色的苹果"也仅仅是对"所有非白色的东西是非天鹅"的部分证实，因为红色也有可能是天鹅的一个特征——红天鹅，只不过我们还没有发现而已。

　　与之相对，"所有的天鹅都是白的"，对于这种证实过程实际上和"所有非白色的东西是非天鹅"是一致的，找到的天鹅仅仅是会对"所有的天鹅都是白的"部分证实，因为天鹅的颜色对我们来说是不确定的，它有可能是红色的，有可能是绿色的……"天鹅"这个证实实际上存在显性证据和隐形证据，显性证据就是天鹅，隐形证据包括我们需要验证的颜色，也包括性别、大小等其他的证据。因为认证一只鹅是天鹅需要多重验证，而在这个过程中肯定没有借助于颜色，因为借助于颜色我们就直接排除了这个动物不是天鹅，因为它是黑色的。

　　当然，为了更好地说明这个问题，我们也可以把"黑色的天鹅"认定为不是天鹅，而是另一种与"白色天鹅"不同的物种，因为这两者之间存在颜色的不同。

　　另外，雷切尔提到了两种覆盖律 L 和 L_i，L 和 L_i 支持确定的条件句，但是，他没有明确说明是 L 还是 L_i 起作用，他仅仅说不仅要考虑定律陈述的内容（即实体内容），而且还要考虑它们的逻辑形式。尽管它们演绎等价（相互可推断），但是在归纳逻辑范围的讨论中 L 和 L_i 都不可互换。

　　其实，雷切尔之所以提出这个类比由于存在定律允许人们从"M 被摩擦"和"M 是干燥的"推出"M 被点燃"，它和其逆反句是逻辑等价的，但与这里所需的意义是不等价的。其中一个定律似乎被来自其逆反句的不同证据所确证。然而，当前该悖论的解决方案避开了两个逻辑等价定律的区分，反而关注如何确证，何种证据能确证其他定律，以及何种程度的问题。这里定律所起的作用是在反事实条件句理论中使其成为合理的支持条件值或者定律，但是既然成为合理的需求还没有完全清楚，那么我们可以想象，逻辑等价有不同的适合性也是不清晰的。此外，既然它们最终扮演的验证理论角色仅仅是一个逻辑衍推，允许其中的一个也将会允许该蕴含通过。因此，除非研究者们愿意给这些陈述提出其他的作用，否则他的结论看起来是不可信的。如果人们认为问题中的定律可能是一个实质条件句，那么在这种情况下，这些可互换的条件句甚至不是相等的，因此，这种担心就不会出现。

3. 解决思路三：考虑时间因素

对于相关条件难题中的"衍推出真语句不真"的情况，塞勒（Wil-frid Sellars）提出了自己的观点，他并不认同古德曼的解决思路。对于古德曼的论证，塞勒并不是完全赞同，在古德曼的解决方法中，他提出："作为一个例子，考虑熟悉的情况（familiar case），其中对于给定的火柴m，我们会断言。"那么如何理解"熟悉的情况"，塞勒认为：

古德曼"熟悉的情况"和上述对话①*的区别在哪里？为什么我们如此自信（ii）②*假，而（i）真？……我们通过预设汤姆进来了并告诉我们来修改上述例子（a）如果 M 已经被摩擦，海伦会找到它，（b）如果海伦发现火柴已经被摩擦，他把它扔到水里，现在感觉（ii）假的情况很明显消失了。③

对于这种情况，塞勒认为古德曼实际上是给我们预设了一种特定的情景，只有在这种特定的情境下，我们才会出现上述问题：

那么，在要求我们考虑"熟悉的情况"时，古德曼他有没有意识到，这就是在要求我们想象我们自己在一种情形中，我们在（i）和（ii）之间进行选择，知道（a）仅仅与上述考虑的限制集合相关，（b）是氧气充足等与点燃因果关系下，摩擦干燥并且保存完好的火柴。很明显，如果我们发现即在这种情景中，我们事实上会接受（i）而拒斥（ii）。④

但是，我们仔细一看那些反事实条件句，我们可以看到某些地方错了。尽管"M 不是干燥的"可以从"M 已经被摩擦"加上"M 没有被点燃"推出，但是，在已知"M 没有被点燃"和"M 没有被摩擦"的情况下，我们非常确定不会同意"如果 M 已经被摩擦，那么

---

① *汤姆：如果 M 已经被摩擦，它会是湿的。迪克：为什么？汤姆：海伦在哪儿，他对火柴有恐惧症。如果他看到任何人摩擦火柴，他都会把火柴扔到水里。

② *（i）如果火柴 m 曾被摩擦过，它就会点燃。（ii）如果火柴 m 曾被摩擦过，它就不会是干燥的。

③ Sosa, Ernest（ed）（1975），*Causation and Conditionals*. Oxford University Press. 130.

④ Sosa, Ernest（ed）（1975），*Causation and Conditionals*. Oxford University Press. 130.

它不会是干燥的"。哪些地方出错了?①

塞勒认为在一定条件下,干燥的火柴可能不会被摩擦,因此它不是燃烧着的,或者被摩擦了但是没有燃烧却是干燥的。对于这种情况,塞勒对这种问题进行了分析,其思路是利用古德曼的共支撑思路以及"熟悉的情况",我们会认同:

（1）［因为 M 是干燥的,］如果 M 已经被摩擦,它会被点燃。
但是,我们不会认同
（2）［因为 M 没有被点燃,］如果 M 已经被摩擦,它不会是干燥的。②

上述两个条件句有些地方是明显的,即条件句（1）为真好像与条件句（2）为真不相容,条件句（2）为假好像基于这个事实:如果 M 已经被摩擦,它会被点燃。也就是因果律和"熟悉的情况"暗示,我们可以接受条件句（1）,但是,因果律对于是否接受条件句（2）是不明显的。
为了更好地说明这一点,塞勒对古德曼的例子进行了改变,采用了混合虚拟条件句的形式进行了研究:

（1′）如果 M 是干燥的,那么假如 M 被摩擦,它会被点燃。
（2′）如果 M 没有被点燃,那么假如 M 被摩擦,它不会是干燥的。③

塞勒指出上述例子在古德曼的情况中,难道（1′）为真（2′）为假不是明显的?事实上,难道（2′）为假是（1′）为真的后承?对于这种情况,他认为:

这里没有诱惑说（2′）为假,是因为…对于（2′),不像（2）,它不需要作为"M 没有被点燃"为真的一个必要条件。④

---

①　Sosa, Ernest（ed）(1975), *Causation and Conditionals*. Oxford University Press. 133.

②　Sosa, Ernest（ed）(1975), *Causation and Conditionals*. Oxford University Press. 133.

③　Sosa, Ernest（ed）(1975), *Causation and Conditionals*. Oxford University Press. 134.

④　Sosa, Ernest（ed）(1975), *Causation and Conditionals*. Oxford University Press. 134.

那么，如何理解（1′）和（2′）的不相容？塞勒认为这很简单：

　　假如它们没有被点燃，它们变湿了，这不是摩擦火柴这种情况引起它们……（因为）对于这种普概括缺乏有力的证据……如果摩擦火柴引发它们点燃，那么表述"摩擦没有被点燃的干火柴"则描述了一种不能（物理）获得的情形。①

塞勒认为：

　　"干燥的"（being dry）很明显和"成为干燥"（becoming dry）不一样，"开始燃烧"（beginning to burn）和"燃烧"（burn）也不一样。尽管我们可以想象有人说"当摩擦时火柴燃烧"，严格来讲，这或者是不正确的或者是假的——如果试图表述关于火柴的真，则是不正确的，如果试图表述当火柴被摩擦它会被点燃，就像铁块置于潮湿环境会生锈一样的思想时，其为假。②

塞勒认为，我们不能相容地说：

　　［因为 M 是干燥的，等，］如果 M 已经被摩擦，它会被点燃。
　　但是，我们不会认同
　　［因为 M 是干燥的，等，］如果 M 已经被摩擦，它会变成湿的。
　　除非我们假设摩擦火柴引发它们变成湿的环境，至少不同于摩擦干火柴引发它们点燃的环境。③

也就是说，塞勒认为不是火柴已经被点燃，而是它已经燃烧了，并不是一开始火柴就是潮湿的，而是后来变成了那样。在进行了这种区分后，塞勒认为：

　　因而，如果我们把"……它（M）不会是干燥的"解释为"……它（M）会变成（become）湿的"，我们就能反对这个事实：一个概

---

①　Sosa, Ernest（ed）（1975），*Causation and Conditionals*. Oxford University Press. 134 – 135.

②　Sosa, Ernest（ed）（1975），*Causation and Conditionals*. Oxford University Press. 137.

③　Sosa, Ernest（ed）（1975），*Causation and Conditionals*. Oxford University Press. 137.

括暗示其不仅仅为假，而且不相容。①

　　显然，塞勒解决这个问题的主要观点是：在一定的环境里，尽管"摩擦"加上"没有点燃"暗示"火柴不是干燥的"，然而火柴被摩擦但未被点燃引发火柴为湿的观点是错误的；这是因为我们认为如果火柴被摩擦并且它是干燥的，那么它将燃烧起来。塞勒解决这个问题的思路是反事实条件句应该解释为：显见后件的初始情况为必须被衍推的语句，基于这种思路，反事实条件句"如果火柴 M 曾被摩擦过，它就会点燃"可以表述为"如果 M 被摩擦，它将开始燃烧"，反事实条件句"如果火柴 M 曾被摩擦过，它就不会是干燥的"可以表述为"如果 M 被摩擦，它已经开始变得潮湿"。两者处理的不同之处是塞勒的表述多了"开始"（beginning），也就是说，在古德曼的解释中，他把点燃视为"从没有点燃到变成了点燃"，这是对一个物质变化状态的一个时间点的描述，而塞勒的处理是把点燃视为"点燃了并持续下去"，"点燃"仅仅是后件的初始状态，也就是火柴"变成了点燃"的状态和火柴"持续点燃"的状态。这种处理的结果就是，没有真值的支撑条件实际上支撑第二个条件句。然而，显然这种解释思路不能解释后件是一个相反的条件句。就像塞勒自己提出的一个反事实条件句：

　　　　如果鸡蛋没有被冲洗，那么它将保鲜更久。②

　　对此，本内特也指出：

　　　　它看起来好像为真且相关，但它并不能完全包含条件句所表达的意思，一个物质已经变成了 F 倒不如说它将持续 F 的状况——例如，"如果鸡蛋没有被冲洗，那么它将会保鲜更长时间"。承认他的"开始成为 F"的方法也对这个最后的条件句没有任何帮助，塞勒只是简单的变换了它，并给出了怪异的解释。③

4. 解决思路四：考虑因果指向

因果方向解决思路的代表人物是本内特，他认为塞勒的解释思路中隐

①　Sosa, Ernest（ed）（1975），*Causation and Conditionals*. Oxford University Press. 138.

②　Sosa, Ernest（ed）（1975），*Causation and Conditionals*. Oxford University Press. 136.

③　Bennett, J.（2003），*A Philosophical Guide to Conditionals*，Oxford University Press. 312.

藏着一个概念——因果方向（causal direction），这是他的论述中最主要的要素，借助于这一概念，本内特对古德曼难题进行了分析，他认为我们要求"支持条件"的值必须为真，并且在因果关系上与 A 是相容的关系，现在我们必须进一步要求一个真命题 R 可以作为"支持条件"值中的析取肢，那么只有它满足：

　　¬A 是真的，不能由此因果得出 R 为真。（R is not caused to be true by ¬A's being true.）①

本内特认为这个表述巧妙地解决塞勒留下了的反事实条件句后件为相反情形的因果互换的难题。因为：

　　我们想把干燥的置于火柴燃烧成立的条件之外，它至少得满足：火柴不是干燥的可能不出现在火柴燃烧成立的条件之中，因为火柴没被点燃在一定程度上可能源于火柴未被摩擦，也就是通过¬A。我们仍然承认干燥是火柴燃烧成立的条件，因为火柴的干燥与它未被摩擦是无因果关系的。②

也就是说，要解决塞勒留下了的反事实条件句后件为相反情形的因果互换的难题时，本内特建议添加 A 与定律在逻辑上相容，支撑条件中的合取肢将不会由¬A 得到的条件。因此，火柴不燃烧是由于它没有被摩擦，这样，我们就可以把它排除为衍推前提的支撑条件的值，由此，可以得出第二个条件句为假，从另一个方面说，因为火柴是干燥的不是由它没有被摩擦引起的，所以，第一个条件句也是可接受的。这样就解决了第二个条件句为真而给覆盖律则造成的困境。

本内特认为这种情况依赖于还未被明确解释的因果关系的概念或因果解释的方向，其可以表述为如下形式：P 保持着某种情况和 Q 已经成为了某种情况之间没有必然的因果联系。本内特把这种形式表述为：

　　在一定环境里，P 保持着某种情况和 Q 已经成为了某种情况之间没有必然的因果联系。③

---

① Bennett, J. (2003), *A Philosophical Guide to Conditionals*, Oxford University Press. 312.

② Bennett, J. (2003), *A Philosophical Guide to Conditionals*, Oxford University Press. 313.

③ Bennett, J. (2003), *A Philosophical Guide to Conditionals*, Oxford University Press. 313.

本内特认为即使 P 和–Q（非 Q）它们自身的因果关系不相容，它们也可能为真，但事实并非如此，因为存在如下情况：

> 存在一些关于现实世界的事实的集合 F：（1）F 是 Q 的因果充分条件，（2）F 包含 P，（3）去除 P 后，剩下的 F 不是 Q 的因果充分条件。①

也就是说 P 是构成 Q 的必要条件——是构成 Q 的因果充分条件的必要组成部分。本内特认为这种方法没有包含任何隐含成立条件选择的事实问题：

> 不管怎样，它还是没有说明因果方向关系的说明。给出了 P 是 Q 的必要条件，上述所包含的意义是由 P 直接构成 Q 是不可能实现的。与之相反的是，P 可能蕴涵在 Q 更早出现的因果结论证据里，例如，在某个确切的时间，圣海伦斯山（St Helens）周边环境的确定事实是火山在几个小时以前爆发的必要条件。因此，直到借助于因果方向（causal direction）的完全明确的概念，必要条件的概念才产生因果说明。②

本内特强调他不知道如何去分析因果关系说明的概念，我们不可能从"＞"中得到帮助，即使我们愿意忍受它包含的循环。因为存在回溯以及正向的（前后一致的）虚拟条件句。并且我也没有其他的建议，他赞同这个意见：

> 我们把因果必要［条件句］分成了三个子集。正向条件句：P 存在的条件导致了 Q 存在的条件是因果必然的。回溯条件句：除了作为 Q 存在的条件的后承，P 存在的条件是因果不可能的。混合的条件句：最简单的混合是这样的：除了作为必然导致 Q 存在的一些 R 的后承，P 存在是因果不可能的。
> 已知因果条件句是因果上必要的，你不能老是仅仅依靠观察就指

---

① Bennett, J. (2003), *A Philosophical Guide to Conditionals*, Oxford University Press. 313.
② Bennett, J. (2003), *A Philosophical Guide to Conditionals*, Oxford University Press. 313.

出哪些种类是属于哪个的。对于这种情况，如果 Q 比 P 的日期更晚，P⊃Q 可能既不是正条件句也不是混合的条件句。确实，如果暂时的回溯因果关系是可能的，那么它也许可能是回溯条件句。

那么我们如何区别这两种条件句呢？下面提供三个答案。（1）世界的法则结构关系可以区分它们：完善的定律知识将使我们首先获得因果必要条件句并且把它们分为正条件句、回溯条件句和混合条件句。（2）因果方向（causal direction）的概念是一个很好的基础，但不具有规律性：我们对因果的思考不是以因果规律的观念为基础的而是以每天对事物的理解一个个推动着的。（3）结果和前提的界限根本不是客观性依据，它仅仅反应我们的需要和兴趣，就像杂草和其他植物的区别或泥土和其他事物的区别。①

本内特希望 3 不是这情况，但是他仍然没有有用的说法来说明哪个观点是正确的。为了解决这个问题，本内特尝试避免通过指定时间而不是因果方向的这种需要，来假设因果关系不会按时回溯，以替换这个条件：

　　　　¬A 是真的，不存在支持条件的合取肢与其因果为真。
　　　　通过：
　　　　不存在支持条件的合取肢在任何时候都比前件（Ta）的时间晚。②

这个过程的一个关系不仅仅要求 A 和因果律与支撑条件相容，而是在确定背景事实语境中，¬A 对支撑条件不是因果充分的。这就是本内特所说的当他说¬A 是支持条件的一个必要条件。这里存在一些实际获得背景条件使得¬A 加上条件因果衍推支持条件，但这些条件不衍推支撑条件。对于暂时的回溯因果关系是否存在的问题，本内特认为这种情况是可能的：

　　　　公平的说，我们可以看到，这项建议是在任何情况下对我们的目的是错误的，因为它从支持条件中排除了太多的东西……许多向前条件句无意中带来了涉及现实事实的对应时间比 T_A 晚的问题。"如果你

① Bennett, J. (2003), *A Philosophical Guide to Conditionals*, Oxford University Press. 314.

② Bennett, J. (2003), *A Philosophical Guide to Conditionals*, Oxford University Press. 314.

在中午的时候已经离开家了，你将会及时到 Dunedin 为足球开球"——这个条件句成立的条件包括道路通畅，不能比（Ta）的时间晚。这里有数不清的类似例子，并且暂时的限制会威胁到它们的真实性。让我们回到普遍的因果限制中。①

本内特认为因果方向可能解决是在我们每天思考的虚拟条件句包含的概念里的一个事实，如：

> 如果是这样，那么它就是相当不体面的。当我们想试着去整理不规则的条件句的时候，我们应该寻找一个分析方法去描述我们平常理解的虚拟条件句。②

但是，本内特否认因果方向的概念，因为这个概念的作用对我们来说微乎其微，他的结论是：

> 只有在（A& 成立条件 &……）衍推 C 的情况下，A > C 为真，这里支持的条件为真并且其中没有合取肢通过¬A 因果为真。③

但是，本内特的这种分析思路是令人困惑，（1）有用的因果分析好像都包括反事实条件句，但是本内特在这个分析中却没有采用反事实条件句，这显然是有悖常理的。（2）如果我们用时间顺序事实来避免因果关系的出现，但是这种思路是有问题的，因为这种思路没有考虑到逆因果关系问题。（3）要想不得到矛盾的反事实条件句，显然要在支撑条件中排除一些合取肢，本内特的思路是排除所有时间上比 Ta 晚的命题，但是，这种方法却具有双面性，一方面，它确实排除了支持条件中也许由非 A 得到的析取肢，另一方面，在排除的过程中，也会排除一些有用的合取肢，这存在过度排除问题，这会使得绝大多数后件出现比前件晚的反事实条件句为假。显然，本内特限制时间的思路不能完全取代包含因果关系的说明。

通过上面的分析，我们发现上述借助于因果关系来解决"相关条件

---

① Bennett, J. (2003), *A Philosophical Guide to Conditionals*, Oxford University Press. 315.

② Bennett, J. (2003), *A Philosophical Guide to Conditionals*, Oxford University Press. 315.

③ Bennett, J. (2003), *A Philosophical Guide to Conditionals*, Oxford University Press. 315.

难题"和"定律"难题还是碰到了困难。那么，问题出在哪里？为了清楚地看到问题的所在，我们不得不再一次提到古德曼的反事实条件句的分析，按照他的观点，一个反事实条件句是真的要满足如下条件：A >C 是真的当且仅当存在一个符合确定限制的真命题的支持条件，使得（A & 支持条件 & 定律）衍推 C。

这条进路需要商榷的地方有两处，一个是定律，古德曼也指出这个定律指因果律或者因果关系；另一个是支持条件。显然，古德曼的意图使得一个反事实条件句为真的支持条件在命题范围内是一个可变量，那么，什么样的命题才有合法的资格成为支持条件中的一个呢？其限制条件是什么呢？为什么古德曼的解决思路会碰到如此多的质疑和困难？为了弄清这个问题，我们采用还原递加的方式来分析这个问题。对于一个"如果 A，那么 B"的反事实条件句，存在下面三种判定其为真的解决思路：

（a）按照纯粹的逻辑观点，A 衍推 C，那么 A >C，很明显，这是一个独立的逻辑真，是没有什么争议的。如果一个反事实条件句满足这个条件，我们可以毫无争议的说，这个反事实条件句是真的。

（b）我们在前件 A 上添加定律，那么其会变成：（A & 定律）衍推 C，那么 A >C，显然，这是一个独立的因果真。

（c）我们在（A & 定律）上添加相关支撑条件，这就变成了古德曼观点：（A& 定律 & 相关支撑条件）衍推 C，那么 A >C，覆盖律则真。

从上面的分析我们不难发现（a）是一个在纯粹逻辑意义上的分析，它没有借助于因果律和其他的关系，因此，对其真假我们进行简单的判断，它是最强的；（b）是在逻辑观点的基础上增加了定律，这是对逻辑观点的一个变形，它除了要借助于逻辑，还借助了因果律，要判断其真假，也比较容易，我们只要对因果关系进行筛选即可，其要比逻辑观点弱；（c）是在因果观点的基础上添加了"相关支撑条件"，这些条件不等同于因果律。

那么，覆盖律则研究路径的问题出现在哪里？依据上面的分析，我们认为主要有两点：

（1）相关性并不代表因果性。反事实条件句的前件 A 和后件 C 具有相关性，在这种情况下，很显然，相关性是等于因果性的，即：它们既是相关的，也是具有因果关系的。但是，还存在反事实条件句的前件 A 与后件 C 虽然相关但却不是因果关系的情况。

我们知道，普遍联系作为一般哲学范畴，通常是指事物或现象之间以及事物内部要素之间相互连结、相互依赖、相互影响、相互作用、相互转化等相互关系。人们认识世界的一种办法是找到两个事物或者多个事物之间是否存在联系，这就是相关性，但是，两个事物相关并不等于两个事物之间存在因果关系。

例如看到迎春花开了，我们就知道春天到了，看到荷花开了，我们就知道夏天到了，看到菊花开了，我们就知道秋天到了，看到梅花开了，我们就知道冬天到了。

显然，春天迎春花，夏天荷花，秋天菊花，冬天梅花，这些植物是和四季相关的，但是，这些植物和四季是没有因果关系的，因为并不是迎春花带来了春天，不是荷花带来了夏天，也不是菊花带来了秋天，更不是梅花带来了冬天。

第一种相关关系不等于因果关系的情况：因果倒置

通过观察统计，我们会发现有些勤于锻炼的人比不勤于锻炼的人更肥胖，我们会得出如下因果关系：勤于锻炼→肥胖。但是，很可能是为了减肥，这些人才勤于锻炼。因此，会存在如下的一种情况，P 和 Q 相关，但是，不是 P→Q，而是 Q→P。

第二种相关关系不等于因果关系的情况：共同原因

通过观察统计，游泳溺亡人数越多，雪糕卖出得越多，由此我们得出吃雪糕和游泳溺亡存在因果关系，这显然是有问题的。因为，这两个事件都是夏天气温升高了所导致的：夏天到了，游泳溺亡人数多，夏天到了，雪糕卖出得多，吃不吃雪糕跟游泳溺亡没有因果关系。

也就是，P 和 Q 都是有同样的原因 S 造成的，在这种情况下，P 和 Q 会具有明显的相关性，但是，P 和 Q 之间是没有因果关系的，因为是（1）S→Q，（2）S→P，而不是 P→Q 或者 Q→P。

（2）前件的不明确性。从文献中，我们不难发现，古德曼和齐硕姆的目的是一致的，都在尝试寻找反事实条件句的真值条件。从总体而言，他们仅仅试图公式化一个反事实条件句为真的要求，他们借用了定律与相关条件。但是，缺乏明确性的前件给这条进路带来了主要的困难。在处理条件句"如果 A，那么 C"中存在接受一个确定集合 S 的要求，正是前件的不明确性，造成了互否条件句，例如（这个例子是古德曼卡罗来纳例子的一个变形）：

如果张三在新疆，他将会在南疆。
如果张三在新疆，他将会在北疆。

这是一对互否条件句，但是，如果我们假设张三住在海南，他没有来新疆的计划并且孤陋寡闻，从没听说过新疆。显然，事实上张三既不在北疆，也不在南疆。依据反事实条件句的覆盖律则，添加前件"张三在新疆"的假设到"他不在南疆"和"新疆完全是由北疆和南疆"的事实中，我们可以得出张三在北疆。从相同的预设我们也可以得出张三在南疆。显然，"张三在新疆"太不明确了，不是决定真值条件的条件句前件。当然，如果一个条件句理论，依据相同的前提得出对应条件句"如果 A，那么 C"和"如果 A，那么非 C"，那么这个条件句解决方案是不令人满意的，一个满意的条件句方案应该不会支持互否条件句。

正是基于这两点，借助于因果关系来解决覆盖律则是面临着巨大的困难的，这种困难和因果关系的本性与前件的不明确性有关。其实，对于覆盖律则，我们认为其更大的麻烦还不仅仅是清除有害支持条件问题，而是如何选择条件的问题，因为如果仅仅依据相关条件是强的，就认为是以正确的方式进行的对条件的约束显然是不充分的。当然，借助于因果时间顺序事实来处理覆盖律则难题的想法是好的，但却忽视了逆因果关系的问题。同时，通过排除所有时间上是比前件晚的命题来解决覆盖律则难题的方法存在限制太多的问题，因为这种方法排除了支持条件中可能由前件的否定得到的析取肢，这造成了绝大多数后件出现比前件晚的反事实条件句为假，所以，借助于时间顺序似乎不能取代包含因果关系的说明，也就是，仅仅借助于因果关系来处理覆盖律则难题是不充分了，因果关系只是解决这个问题的一个必要条件，而不是一个充分条件。

第五章 哲学反思：覆盖律则引发的
逻辑哲学问题

我们应该看到，自从古德曼的思想出现以后，更多由古德曼的思想所衍生出的条件句思想出现了，这些思想一般都反对"世界"进路。古德曼的分析如下：

> A >C 是真的当且仅当有一个真命题支持（A &支持）合取定律衍推确定的限制 C，也就是说，因果律的合取控制现实世界。

"支持"在命题范围内是一个可变量。根据这种分析，条件句谈论的是有一个真命题支持什么……等等；它并没有说命题的内容是什么。例如，我相信"如果我吃了阿司匹林，我的感冒现在就好了"，这个语句并没有表述阿司匹林的作用以及我的大脑认为其为真的看法。类似的，条件句提到了因果律，但却没有提及它；例如，我相信"如果我把铁加热，它就会融化"没有任何关于何种定律使它为真的信念。

对支持理论而言，得到一个好的 A >C 的分析的难题是说测验一个事实为真的难题必须经过量化为支持中的合取肢。测验的一部分是很简单的：支持必须与"A& 定律"逻辑相容，也就是与前件以及真因果律的全部的合取逻辑相容。然而，存在许多产生这种结果的方式，在这些方法中，我们的选择会影响我们评价一个特殊的虚拟条件句。那么，我们如何理解共支撑？因果律在古德曼的思路中究竟起到什么作用？是否存在古德曼所说的逻辑消除与前件共支撑的真语句？

第一节 如何理解相关条件

覆盖律则的核心要素是条件句的前件、定律以及相关条件，"条件"

看似是一个定量的概念，实质上"条件"是无法定量的，每一个反事实条件句的前提条件都很多，有些是与前件相关的，有些是与前件不相关，那么，我们就需要对前提条件进行清除，排除与前件不相干的条件，因为这些条件是无用的，留下有用的和前件相干的条件。

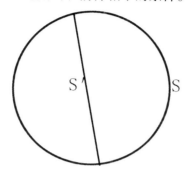

如图所示，整个球体的部分为"条件"，S′是与前件不相干的条件，清除掉S′后剩余的S为这个反事实条件句的相关条件。

那么，我们怎么样才能做到这一点呢？也就是说我们需要做出怎么样的限制，才能使得一个真语句成为前件相关条件的一个合取肢呢？

上述情况会使有些为假的条件句为真，与其应该得到真值条件不匹配。一个可以接受的条件句理论应该是一致的，不会混乱，也就是不会依据自己的研究路径把假的条件句视为真的，这显然是存在问题的。

需要注意的是，在可能世界进路中，是不用考虑这个问题的，因为可能世界的分析尽管也存在许多的不相关材料，但是，可能世界进路可以清楚地分清它们，借助的方法是与前件更相似的世界，这样就很容易排除掉不相关的材料，使得这些不相关的条件不会对衍推结果造成伤害，也就是说可能世界进路存在"自我清除机制"，这个机制就是与前件的世界更相似。尽管相似性是一个模糊的概念，不那么精确，也值得商榷，但是，在语言学进路中，并不存在更加相似的世界，这就使得缺少一个"清除机制"（此语词是我们根据古德曼的描述所提出的，尽管可能与古德曼的思路并不完全匹配，但是，我们暂时没有找到更合适的语词来描述这一问题），能够准确地清除哪些不相关的支持条件，也就是那些不合逻辑的支持条件。那么，我们为什么一定要清除这些不合逻辑的支持条件？原因很简单，借助于覆盖律则，我们能（A & 定律 & 支持条件）衍推出 C，尽管事实上 A >C 为假。

那么，语言学进路的"自我清除机制"是什么？也就是说，我们如何从众多"条件"中清除一个不合逻辑的真命题？方法是什么？古德曼提出了一个清除办法：

> 在我们的 S 中包含了一个真语句，此真语句尽管与 S 相容，但是若 A 为真它则不真。相应地，我们必须从相关条件集合中排除这类语句。①

古德曼的这种"清除机制"是"如果一个反事实条件句的前件衍推出支撑条件中的合取肢为假"，我们就应该把这个合取肢清除，用符号表述为：$\neg(A \succ S)$，古德曼把这种清除机制称为共支撑思想。

但是，限制"$A > \neg S$"不为真的是对的，然而，如果这是支持条件的唯一条件，那么我们会看到如果 C 是真的并且 $A > \neg C$ 是假的，那么 C 就是一个可接受的支持值，所以，$A > C$。反之，如果 $\neg C$ 是真的，那么我们就会产生条件句排中，这对反事实条件句来说是一个难题。因此，按照共支撑的思想，古德曼提出了一个反事实条件句为真的条件：

> S 除了满足已经列出的其他要求外，还必须不但与 A 相容而且与 A 是"联合支撑的"（jointly tenable）或者与 A"共支撑的"（cotenable）。A 与 S 是共支撑的，并且合取 $A \cdot S$ 是自我共支撑的，如果不是这种情况："若 A 为真则 S 不为真。"②

我们可以用符号表示为，$\neg(A \succ S)$ 和（A &S &定律）衍推 C，但是"$A > \neg S$"这个限制不是充分的，因为它常常允许 C 成为自身的支持。一个更强的条件是"$A > S$"是真的，尽管这样导致了无穷倒退，因此，这种解决思路也面临巨大的问题：

> 因而，我们发现自己陷于一种无穷后退或者循环中了；因为共支撑是依据反事实条件句定义的，然而，反事实条件句的意义却是用共支撑来定义的。也就是说，要建立任何反事实条件句，我们似乎首先必须确定另一个反事实句的真。如果是这样，我们永远也不可能说明一个反事实条件句，除非我们借用其他反事实条件句，以至于反事实

---

① ［美］纳尔逊·古德曼：《事实、虚构和预测》，刘华杰译，商务印书馆 2007 年版，第 34 页。

② Nelson Goodman（1947），"The Problem of Counterfactual Conditionals". *The Journal of Philosophy*, Vol. 44, 120.

条件句难题必定悬而不能解决。①

古德曼在表述这个困难的时候说"要建立任何反事实条件句，我们似乎首先必须确定另一个反事实句的真"。他没有肯定说建立一个反事实条件句，就要确定另一个反事实条件句的说法，如果是这种情况，这就要求我们要建立任何反事实条件句，必须拒斥另一个反事实条件句，这种思路揭示了一种逃避无限倒退的方法。就像古德曼自己承认的那样，这种方法充满着困难，因为这种解决思路太过于复杂，以至于无法完成。但是，这种方法毕竟是解决这个问题的一种可行思路，它的优点是可以使得我们容易判定反事实条件句的真值。

对于这种情况，波洛克在《虚拟推理》一书的第一章中，对这个问题进行了研究，他认为古德曼共支撑理论的要求太弱了。

我认为古德曼的共支撑要求明显太弱了，通过观察古德曼的共支撑要求，它会使我们回到如下的特殊原则情况：如果¬（P ≻ Q）是真的，那么 P > Q 就是真的。更加精确地说，古德曼的原则暗示每当 P 为假，¬（P ≻ Q）为真时，P > Q 就是真的。这个蕴涵由下面的情况所建立。首先，我们需要两个关于虚拟条件句的明显原则：

（2.1）如果 P > Q 是真的，并且 Q 衍推 R，那么 P > R 是真的，

（2.2）如果 P >（P ⊃ Q）是真的，那么 P > Q 是真的。

2.1 很明显不需要辩护，2.2 成立是因为如果若 P 为真则 P ⊃ Q 真，那么若 P 为真，则 P 和 P ⊃ Q 都是真的，进而，如果 P 为真，那么 Q 会是真的。给出这些原则，根据古德曼的进路，我们假设真和共支撑都需要包含在 C 中，假设 P 为假，¬（P ≻ Q）为真。那么按照 2.1，¬（P >（P& ¬Q）是真的，因而¬（P ≻（P ⊃ Q）是真的。但是因为 P 是假的，那么 ⊃ Q 是真的，借助于古德曼的建议（P >（P ⊃ Q）是真的。从 2.2 可以得到 P > Q 是真的。但是关于两种汽油的例子是对这种结论的一个反例，这和如下的情况一样，对不假设 P 为假的更普遍原则也是一个反例。因而古德曼的建议是不可接受的。

包含在 C 中所需要的不仅仅是¬（P ≻ R）是真的，而且即使在 P 中为真，R 仍然为真，即 P > R。②

①　Nelson Goodman（1947），"The Problem of Counterfactual Conditionals". *The Journal of Philosophy*, Vol. 44：121.

②　J. Pollock（1976），"Subjunctive Reasoning". *Reidel*, Dordrecht. 11.

本内特把波洛克的这种从 A >C 得到的 C 的真值为真的要求分为了两个层次：

> 强：（A &定律）合取一个真支持条件使得 A >支持，
> 弱：（A &定律）合取一个支持条件的真值使得¬(A >¬支持)。①

本内特认为弱的要求是不充分的，因为：

> 这无异于如果一个人扔出一枚硬币，那其他的人也要按照此种模式扔出硬币，还有许多类似的例子：硬币落下时头朝上，即使是换做她代他扔，硬币仍然是会头朝上；所以我们可以认定"硬币落下时头朝上"在任何情况下都是毋庸置疑的，即在整个可能世界 A 中它落地时都是头朝上的。这就会导致我们去认同一些已经被大众认定为是真值为假的"特殊事实"条件句，所以说弱的理论是不充分的。②

他同时认为强的理论也是不充分的，因为本内特认为在一个真的非决定情况中，我可以说"如果我没有去医院，我就能参加敦刻尔克大撤退"。但是为了使我能参加敦刻尔克大撤退，敦刻尔克大撤退必须发生，并且我没去医院并不衍推敦刻尔克大撤退的发生，似乎是"敦刻尔克大撤退的发生"一定是支持条件的一部分，使得这个条件句为真。但为了成为支持条件的一个有效部分，它必须是这样一个情况："（即使）如果我没有去医院，敦刻尔克大撤退依旧会发生"，但是这一点需要某些能衍推该敦刻尔克大撤退发生的支持条件 *，因此，本内特认为：

> 古德曼的理论版本已经为我们验证了我们认为为真的虚假命题。古德曼对于 α 体系中的由 A >C 得到 C 的分析过程即如由（A &支持）和推导规则共同作用得出了有实质价值的前提，即我们可以从（A &支持条件 *）有推导规则得出支持 * ……（我们仍然忽略了循环问题）。现在，让我们思考一下在 §90 中所讨论的关于敦刻尔克例子："如果我没有到医院去，那么我可能已经加入了敦刻尔克的撤离。"这就要求如果他没有去医院，敦刻尔克的撤离仍然会发生；它的发生

---

① Bennett, J. (2003), *A Philosophical Guide to Conditionals*, Oxford University Press. 309.

② Bennett, J. (2003), *A Philosophical Guide to Conditionals*, Oxford University Press. 309.

将会成为载体的组成部分；但是故事并不是我们想象的那样，书上的记载是此项撤离并不是决定性的，这就意味着将推导规则运用在它身上也不能得出任何有价值的信息。①

基于此，由于世界的不确定性，本内特担心没有什么东西能因果衍推敦刻尔克大撤退发生：

　　所以古德曼对于载体系统的分析必须摒弃那些类似于上文的毫无意义的条件句。值得注意的是这项对于载体的争议和另一项关于不充分性（Weak）的争议有个共同点，即都涉及到了非决定论。②

我们认为古德曼的观点是值得商榷的，因为我们认为"如果我没有到医院去，那么我可能已经加入了敦刻尔克的撤离"和"如果我没有去医院，敦刻尔克大撤退依旧会发生"这两个条件句或者成立或者不成立，这也许存在另一个非决定事件导致救援情况的出现。但是，由于存在无穷倒退，判断这些条件句为真是很麻烦的。本内特并没有确定这两种条件句都为假，我们最多只能确定存在一个它们具有共同真值的无限链条，单独依据这种论证基础，我们是不能得到真的。

古德曼试图解决这个无穷倒退，对后一种前件为假后件为真的条件句情况进行了回应，他认为这一类条件句应该视为半事实条件句，不应该视为反事实条件句。前件和后件都真的条件句为事实条件句，只有前件和后件都假的条件句才是反事实条件句。但是，波洛克所提到的第一种情况却是一个完全的反事实条件句，因此，本内特认为：

　　对于反事实条件句来说，此种分类是无效的。③

但是，我们认为本内特的这种论断未免有些过于武断，既然人们可以使用覆盖律则来处理完全的反事实条件句，那么人们同样也会借助于覆盖律则来处理比反事实条件句更弱的半事实条件句，这是没有问题的，因此，这种分类还是有益处的，并不是一无是处。

实际上，古德曼"如果火柴被摩擦，那么火柴会被点燃"的例子，是

---

①　Bennett, J. (2003), *A Philosophical Guide to Conditionals*, Oxford University Press. 309.

②　Bennett, J. (2003), *A Philosophical Guide to Conditionals*, Oxford University Press. 309.

③　Bennett, J. (2003), *A Philosophical Guide to Conditionals*, Oxford University Press. 310.

涉及因果依赖的指向或者因果指向的。火柴摩擦使其点燃；火柴摩擦不会使其潮湿。对此，语言学家麦考利（James McCawley）认为条件句和因果依赖指向之间存在一种简单联系：

> 英语的反事实构造，就像所有英语中的条件的构造，仅当前件是时态并且/或者是因果并且/或者是认知先于后件才被使用，如［早先］讨论过的这个例子：
>
> a. 如果你碰到我，那么我会尖叫。
>
> a′. 只有我尖叫时，你才碰到了我。
>
> 即使借助于"唯一"（only）来修改，这个"如果"从句也必须是时态/原因/认知的先于后件，相反，在普通逻辑课本中，"如果 A，那么 B"和"A 仅当 B"是"等价的"。①

按照普通逻辑，我们通常把例 a 视为"我会尖叫"的一个充分条件。当然，也会存在其他的充分条件：如果你用刀砍我，或者如果你拿毛毛虫吓唬我，或者你做出一个可怕的怪脸等等。我们通常把例 a′视为"你碰到了我"的必要条件。当然，也会存在其他的必要条件：只有我不喜欢你，只有你是个坏人等等。

按照上面的分析，在古德曼"如果火柴被摩擦，那么火柴会被点燃"的例子中，火柴被摩擦是一个充分条件，当然，在具体的情景中，也会含有许多火柴点燃的必要条件，因此，这个例子是可以接受的。

但是，"如果火柴被摩擦，那么火柴是潮湿的"则是不可接受的，因为在具体的环境中，火柴被摩擦既不是火柴潮湿的条件，也不是火柴干燥的条件。实际上，尽管和"如果火柴被摩擦，那么火柴是潮湿的"无关，在古德曼的处理中，他认为在实际情况中出现或获得的事物，就是一个条件，基于此，氧气是"如果火柴被摩擦，那么火柴是潮湿的"的一个条件，但是，正如我们上面的分析，氧气不是火柴潮湿的条件。

在普通逻辑中，关于"条件"的处理实际上是遵循了实质蕴涵的思路，也就是按照真值函项来处理条件。

在古德曼的经典例子"如果火柴被摩擦，那么火柴会被点燃"中，显然，按照"条件"的视角来分析，"火柴被摩擦"是"火柴被点燃"

---

① McCawley, J. D. (1981), *Everything that Linguists have Always Wanted to Know about Logic but were Ashamed to Ask.* Chicago：The University of Chicago Press. p. 317.

的充分条件，按照实质蕴涵的规定，"火柴被摩擦"是"火柴没有被点燃"是不可能的。

"氧气对于火柴被点燃是必要的"，我们可以表述为"没有氧气，火柴被点燃是不可能的"。按照实质蕴涵，"氧气"是"火柴点燃"的充分条件，"火柴点燃"是"氧气"的必要条件，这两者是逻辑等价的。

按照实质蕴涵，条件句"如果 P，则 Q"，我们可以把其写成"P ⊃ Q"，"P ⊃Q"和"Q ⊃P"是充要条件，在这种情况下，P 等价于 Q。

按照实质蕴涵，换质位法是有效的，即充分条件"如果 P，则 Q"逻辑等价于必要条件"只有 Q 才 P"，"只有 Q 才 P"逻辑等价于"并非 P 除非 Q"，也就是"¬ Q ⊃¬ P"。

实际上，换质位法之所以在实质蕴涵中成立，那是我们仅仅考虑了 P 和 Q 的真值，而没有考虑 P 和 Q 的关系。这种条件实际上和"相关"无关。

按照实质蕴涵，"P ⊃Q"和"Q ⊃P"是充要条件，在这种情况下，P 等价于 Q。显然，因果关系不是充要条件。火柴摩擦造成火柴点燃，显然，火柴摩擦不等于火柴点燃。火柴点燃的成因除了火柴摩擦外，还有借助于聚焦太阳产生能量使其点燃，或者用明火把其点燃等。也就是说火柴摩擦不一定是火柴点燃的原因，而仅仅是可能的原因。也就是 P 等价于 Q 出现，不代表 P 一定是 Q 的原因。

那么，什么情况下 P 一定是 Q 的原因呢？如果 P 没有出现，那么 Q 也没有出现，即"¬ P ⊃¬ Q"，在这种情况下，我们可以说 P 是 Q 的原因，显然，"¬ P ⊃¬ Q"是否定前件的条件句。但是，这样也无法完全确定 P 是 Q 的原因，例如："在密闭的容器中，如果气体温度上升，那么容器中的压力会上升"和"如果气体温度没有上升，那么容器中的压力没有上升"。在按照上述条件，"气体温度上升"一定是"容器中的压力上升"的原因，但是，还有第三个原因，即密闭的容器。

我们知道相关关系就是一个事物与另外一个事物有关联，是两个事物或变量相伴随而变化的关系。相关关系一般指某一事物不论是好的还是坏的，只要发生就一定与某些人或者物有关系，包括任何的不确定因素成分存在都是和相关关系有直接或者间接的联系，它既不同于因果关系和函数关系，又不排斥因果关系和共变关系，是事物之间一种更为复杂的关系。总的来说，相关关系包含共变关系和因果关系。

共变关系就是看起来有联系的两种事物都与第三种现象有关。例如，春天田里栽种的小苗与田边栽种的小树。就高度来说，看起来都在增长，似乎有关联，其实都是受气候影响。本身之间并无直接联系。共变关系是一种特殊的相关关系，它不是因果关系。

因果关系就是有某些起因就会有某些结果发生，因果关系的起因有好的有不好的产生的结果也不一样，有好的结果也有不好的结果，因此，因果关系是一种特殊的相关关系。

因此，借助于条件"如果 P 出现，那么 Q 也出现"和"如果 P 没有出现，那么 Q 也没有出现"是无法完全区分因果和共变的。

综上所述，我们认为，古德曼所提出的覆盖律则的核心要素是条件句的前件、定律以及相关条件，"条件"看似是一个定量的概念，实质上"条件"是无法定量的，因为每一个反事实条件句的前提条件都很多，有些是与前件相关的，有些是与前件不相关，因此，覆盖律则的核心思路就是首先要对前提条件进行清除，排除与前件不相关的条件，留下和前件相关的条件，然后再清除和前件不相容的真语句。这种解决思路是没有问题的，那么，古德曼的解决思路为什么会碰到如此大的麻烦，我们认为，古德曼没有考虑把支持条件视为相关条件和非相关条件，认为非相关条件对一个推理不起作用，这是没有问题的。我们认为一个推理是否有效是由两个因素决定的：一个是决定性因素，即逻辑因素。另一个是不确定因素。我们认为不确定因素包含语境与心理认知，例如：肢体动作、表述的腔调、表情、俗语约定俗称的话语、风俗、生活习惯以及信仰，这些不确定因素很难用一个确定的逻辑语言来描述，但是，在推理中，这些因素对于主体做出因果判断又是起到一定作用的。

第二节　如何理解科学定律

古德曼认为，定律问题是由下述问题引起的：

> 但是即使专门性的相关条件已经刻画清楚了，联结关系之成立通常也不会是一种逻辑必然关系。容许从"火柴被摩擦了，火柴足够干燥，氧气足够，等等"推导出"火柴点燃了"的原理，并不是一条逻辑定律，而是我们所说的自然定律、物理定律或者因果定律。第二个主要难题涉及对这类定律的界定。①

---

① ［美］纳尔逊·古德曼：《事实、虚构和预测》，刘华杰译，商务印书馆 2007 年版，第 27 页。

更为严重的是早先时候提到的第二个难题：使我们能够以前件和相关条件语句为基础推断出后件的一般语句的本性。这些联结原理（connecting principles）与相关条件之间的区别，是不精确的、任意的；"联结原理"可能与条件语句联接在一起，前件合取（$A \cdot S$）与后件的关系因而成为一个逻辑问题。但是同样的问题可能出现于能够支持反事实句的原理种类；分开考虑联结原理，可能是方便的。①

由于这个问题是古德曼提出的，为了更好地进行本节的讨论，我们首先把古德曼的观点进行概括：

（1）古德曼观点一：偶然事实不是定律

虽然假定的联结原理确实是一般的、真的，并且甚至也许得到各种情况下观察的完全确证，但是它仍然不能支撑反事实句，因为它依然是对偶然事实而非对定律的一种描述。②

（2）观点二：定律可以进行预测

作为一级近似，我们可以说，定律就是用于作出预测的真语句。③

（3）观点三：类律不一定是定律

定律是既是类律的又是真的语句，但是如我已经描述的，一个语句可以不是类律的却为真的，或者不是真的却是类律的。④

显然，古德曼所尝试的用"类律"来定义定律的思路是有问题的，

① ［美］纳尔逊·古德曼：《事实、虚构和预测》，刘华杰译，商务印书馆 2007 年版，第 36 页。
② ［美］纳尔逊·古德曼：《事实、虚构和预测》，刘华杰译，商务印书馆 2007 年版，第 38 页。
③ ［美］纳尔逊·古德曼：《事实、虚构和预测》，刘华杰译，商务印书馆 2007 年版，第 40 页。
④ ［美］纳尔逊·古德曼：《事实、虚构和预测》，刘华杰译，商务印书馆 2007 年版，第 41 页。

那么，究竟什么是定律？换言之，古德曼在他的反事实条件句研究进路中提到的定律究竟指什么？通过上述分析，我们认为对于定律问题，学界有些认识基本是认可的，除此之外，我们认为还需要添加新的定律判定标准，以使得定律的判定更加清晰。在本部分中，我们先梳理那些基本得到认可的定律认知，然后再梳理不确定的定律认知。

依据古德曼的思路，我们不难发现，他实际上是想避免出现现实世界中不存在的情况。在他的经典例子"如果火柴被摩擦，那么火柴会被点燃"中，衍推后件的事实包含两种：（1）支持这个反事实条件句前件的定律，（2）现实环境。但是，定律只能暗示确定情况，不能暗示可能情况。例如，定律能预示潮湿的火柴不会被点燃，却不能预示可能会发生但却不现实的情况，这是由定律的本质决定的，因为定律是一种必然规律，可能会发生的仅仅为偶然概括，而不是定律，所有偶然概括不一定发生。

从完全性的角度看，古德曼所提到的类律和定律是不相容的，定律就是定律，类律就是类律，这两者有着本质区别，类律实际上是偶然概括的一种情况，它只是十分接近于定律罢了，但却没有抽象蜕变成定律。

当我们把一些语句合在一起后，发现它们不相容的现象，那么，我们对其中的一个或者一些语句进行否定，这是演绎有效的。同样，在覆盖律则中，如果一些语句和相关定律混合后出现不相容的情况，那么我们对其中的一个语句进行否定，也是演绎有效的。

但是，一个逻辑不相容的理论是有问题的，显然，借助于古德曼的思路，"划火柴和不潮湿"到"点燃"的论证是有效的。"划火柴和没有点燃"到"潮湿"的论证也是有效的，这是有问题的。

借助于覆盖律则中所使用的相关定律，我们不能筛选哪些条件是可接受的，这是因为定律不会暗示方向和依赖结构。仅仅利用时间的前后因素不足以完全判断因果指向。"如果火柴被摩擦，那么火柴会被点燃"这种反事实条件句确实与时间的前后因素有关系，但是，这种反事实条件句仅仅代表了一类反事实条件句，并不能代表所有的反事实条件句情况。也就是说，并不是所有的因果指向都和时间有关，实际上，有些因果关系和事态有关。

在有些因果关系中，原因和结果有可能是同时发生的，并没有出现时间的前后关系。我们利用公式化定律或者类律语句确实可以区别不可接受条件句和可接受条件句，但是，值得注意的是，这类条件句恰好由相同的定律来支撑。现在的问题是，我们是否可以区别不可接受的条件句和不依靠定律的可接受条件句。

关于这个问题，桑福德（Sanford, D. H.）就提出了一个例子：

> 如果你 1975 年从低谷期的 Tandy 公司购买了价值一千美元的股票，那么这些股票在 1982 年就会增殖到八千美元。
>
> 如果我们早上多买一个朝鲜蓟，那么晚餐时我们每人就都有一个。①

按照一般的理解，我们可能会尝试借助于定律和确定的时间获得的相关事实推出后件，但是，接受第一个条件句的定律并不存在。仅靠事实我们就可以得到这个条件句的后件，我们认为支撑这个条件句的事实包括：（1）1975 年和 1982 年间 Tandy 公司股票的真实表现，（2）合理假定：不会出现极大影响你买的价值一千美元的股票的价格的事情。第二个条件句也是仅仅有事实支撑即可，这个事实就是：吃晚餐的人数比我们早上买的朝鲜蓟多一个。

这里面牵涉到因果依赖问题，因果依赖要借助于特殊的情景，在一个特定的情景中，主体会认知事件之间的因果依赖关系，其中，因果依赖关系是在具体的情景中实际发生作用的因果律，这就需要区分独立事实和非独立事实，显然，独立事实不需要因果依赖。但是借助于物理观念和因果律都不能区分独立事实和非独立事实，因此无法解决因果依赖问题。

但是，在古德曼的反事实条件句研究路径中，对于定律在判定一个反事实条件句为真中所起的作用，有以下 5 点是基本得到学界认可的，由此，我们也可以得出判断一个陈述语句是否为定律的评价标准。

（1）定律的第一个判定标准：定律具有联结作用

显然，定律是具有"纽带"作用的。对此，正如亨普尔就说：

> 规律提供了一种联结，由于这种联结，特定的环境（由 C_1，C_2，……C_K 描述）可用来解释给定事件的发生。②

事实上，古德曼和亨普尔的观点是一致的，认为定律是对反事实条件句的前件和后件提供一种联结，尽管古德曼认为这种联结关系有些是明确

---

① Sanford, D. H. (1989), *If P, then Q: Conditionals and Foundations of Reasoning*, London: Routledge. 173.

② ［美］卡尔·G. 亨普尔：《自然科学的哲学》，张华夏等译，生活·读书·新知三联书店 1987 年版，第 100 页。

的，有些是不明确的，但是，古德曼也认为定律具有联结作用。因此，我们得出判断一个陈述是否为定律的第一个评价标准：定律具有联结作用。

（2）定律的第二个判定标准：定律具有全称的命题形式

定律具有普遍形式的陈述，关于这一点，古德曼并没有展开具体的刻画，但是，亨普尔对此却有着明确的说明：

> 规律具有这样的基本形式："在所有的情况下，当 F 类条件实现时，G 类条件也同样实现。"①

我们可以把亨普尔的上述论述用以下符号表示：$\forall_F(P_F \rightarrow P_G)$，因此，我们可以得出判断一个陈述是否为定律的第二个判断标准：定律具有全称的命题形式。

（3）定律的第三个判定标准：定律支持反事实条件句。

在现实生活中，有些具有普遍形式的陈述语句是假的，有些具有普遍形式的陈述语句是真的，显然，假的具有普遍形式的陈述语句肯定不是定律，因此，我们可以很明确地说，并非所有的具有普遍形式的陈述语句都是定律，更进一步说，即使这种陈述语句是真的，也有可能不是定律。因此，我们只能说 $\forall_F(P_F \rightarrow P_G)$ 这个条件只能是定律的必要条件，而不是充分条件。对于这一点，学界基本上是没有疑问的。那么，如何从全称普遍陈述语句中区分出何种真的语句为定律，何种真的语句不是定律？

在所有的情况下，当 F 类条件实现时，G 类条件也同样实现，这种情况分为两类：一类是定律，一类是偶然事实。那么，如何区分这两种语句呢？反事实条件句恰好可以对此进行区分。对于这个问题，古德曼提出的一个观点是定律支持反事实条件句，而偶然事实则不能。但是，古德曼没有深入地探讨这个问题。亨普尔显然注意到了这一点，对于这一问题，亨普尔做了进一步的研究，他把古德曼的观点进行了进一步的概括：

> 规律能够而偶然概括不能用来支持与事实相反的条件句，即"如果 A（曾经是）如此，则 B 也会是（曾经是）如此"，这里事实上 A 不是（不曾是）如此。例如，"如果这支石蜡蜡烛已放进沸水壶中，则它就会溶解掉"这个断言，可用援引石蜡在 60℃ 以上就成液

---

① ［美］卡尔·G. 亨普尔：《自然科学的哲学》，张华夏等译，生活·读书·新知三联书店 1987 年版，第 102 页。

体这一规律（以及水的沸点是100℃这个事实）来加以支持。但"在这个箱子中所有的岩石都含铁"这个陈述却不能类似地用来支持与事实相反的陈述"如果这块卵石放进这箱子中，它会含铁"。类似地，与偶然是真的概括相对照，一个规律能够支持虚拟条件句，即："如果A会发生，则B也会发生"型的语句，这里不论A在事实上是否会发生。"如果这支石蜡蜡烛放进开水中，则它会溶解"这个语句就是一例。①

我们可以把亨普尔所述的定律与偶然事实用符号进行表示，定律表述为：$\forall_F(\Box P_F \rightarrow \Box P_G)$，偶然事实表述为：$\forall_F(\Box P_F \rightarrow \Diamond P_G)$，由此，与这一区别密切相关的是另一个区别：

> 一个规律能够用来作为某一解释的基础，而一个偶然概括则不能。②

关于这一点是明显的，"如果这支石蜡蜡烛已放进沸水壶中，则它就会溶解掉"可以被"石蜡在60℃以上就成液体"这一物理定律和水的沸点是100℃这个事实来加以支持，因此，"石蜡在60℃以上就成液体"可以作为上述条件句的解释基础，其具有明显的联结作用。而"如果这块卵石放进这箱子中，它会含铁"则不能被"在这个箱子中所有的岩石都含铁"这个陈述所支持，因为这两者之间并没有明显的联结关系，因此，我们得出判断一个陈述是否为定律的第三个评价标准：定律应支持反事实条件句。

（4）定律的第四个判定标准：从物理定律中衍推出的空语句也是定律

在现实生活中，有些全称的陈述并没有实例与之一一对应，那么，这种空语句是否可以视为定律？关于这个问题，亨普尔指出：

> 一个普遍形式的陈述即使它实际上没有任何实例，也有资格作为一个规律。作为一个例子，我们来考虑下述语句："在半径与地球半

---

① ［美］卡尔·G. 亨普尔：《自然科学的哲学》，张华夏等译，生活·读书·新知三联书店1987年版，第103—104页。

② ［美］卡尔·G. 亨普尔：《自然科学的哲学》，张华夏等译，生活·读书·新知三联书店1987年版，第104页。

径相等而质量为地球质量两倍的任何天体上，从静止开始的自由落体服从 $s = 32t^2$ 这一公式"。在整个宇宙中很可能根本没有具有这里所规定大小和质量的天体，然而这个陈述却具有规律的性质。因为它（或者更确切地说，它的非常接近的近似值，如伽利略定律的情况那样）是从牛顿万有引力定律和运动定律与关于地球上自由落体的加速度是每秒 32 英尺的陈述的合取中得出的结论。①

我们认为，亨普尔的这种观点是合理的，因此，我们得出的第四个评价标准是：从物理定律中衍推出的空语句也是定律。这种物理定律显然部分取决于人们接受物理定律的程度，会受到人们认知的影响。

（5）定律的第五个判定标准：定律应具有可投射性

规律与可投射性，也就是规律与可预测性之间有无关系呢？关于这个问题，古德曼和亨普尔都有论述，亨普尔认为：

> 一个规律能够支持有关潜在的事例，即关于可能发生或过去可能发生但未发生的特定事例的虚拟的和与事实相反的条件陈述。②

因此，我们得出的第五个评价标准是：定律应具有可投射性。

综上所述，我们认为上述五个判定古德曼在他的反事实条件句研究进路中提到的定律，学界早有定论。除此之外，我们认为古德曼反事实条件句研究进路中提到的定律还应具有第六个判定标准，那就是：

> 定律仅仅在条件发生的可能世界中为真。

显然，上述的五个定律的评价标准并没有涉及到一个问题，那就是如果一个全称命题包含一个全新的概念，这种全称命题往往会被视为偶然事实，而不是视为定律，这样一来，所有新的物理科学的理论都会被视为非定律，这显然与我们上面的评价标准是相悖的。那么产生这一问题的原因是什么呢？我们又该如何解决这一问题呢？我们认为产生这一问题的主要原因在于人的认知能力和限度以及社会科学的发展，也就是学界常说的经

---

① ［美］卡尔·G. 亨普尔：《自然科学的哲学》，张华夏等译，生活·读书·新知三联书店 1987 年版，第 106 页。

② ［美］卡尔·G. 亨普尔：《自然科学的哲学》，张华夏等译，生活·读书·新知三联书店 1987 年版，第 106 页。

验。对于这个问题，我们认为亨普尔所提出的如下观点是合理的：

> 一种具有普遍形式的陈述是否算得上一个规律，其部分地取决于当时人们接受的科学理论。当然这并不是说，"经验的概括"——为经验充分地确证但在理论上没有基础的普遍形式的陈述——永无资格作为规律。①

那么，如何解决这个问题，古德曼提出了一个解决思路，那就是我们上面所说的"类律"概念，我们对此就不再赘述。无独有偶，对于这个问题，亨普尔也提出了一个思路：

> 理论的相关宁可说是这样的：一种普遍形式的陈述，不管它已经得到经验确证，还是尚未受到检验，如果它为一个已被接受的理论所蕴含，则有资格作为一个规律（这类陈述常被称为理论规律）。但是，即使这种普遍形式的陈述在经验上得到充分确证，并且在事实上大概也是真的，如果它排斥某些被人们接受的理论认为可能的假说事件，则它没有资格当做一个规律。②

对于这个问题，我们认为无论古德曼的"类律"解决思路，还是亨普尔的解决思路，其实都与"经验的确证"有关，而对于这个问题的看法，学界则是仁者见仁，智者见智，众说纷纭，莫衷一是。我们认为，无论古德曼的"类律"解决思路，还是亨普尔的解决思路，其实都与"经验的确证"有关，而对于这个问题的看法，学界则是仁者见仁，智者见智，众说纷纭，莫衷一是。关于这个问题，我们认为经验只能用来证伪而不能用来证实，我们认为的定律实际上是一种理想化的状态，并不是现实状态，这些定律的成立都需要有一个前提条件，"如果这支石蜡蜡烛已放进沸水壶中，则它就会溶解掉"这个断言，可用援引"石蜡在60℃以上就成液体"这一规律（以及水的沸点是100℃这个事实）来加以支持。显然，"石蜡在60℃以上就成液体"是指在标准气压下才能成立，如果石蜡在10万米的高空，石蜡是加热不到60℃，还有，如果这种石蜡不是一般

① ［美］卡尔·G. 亨普尔：《自然科学的哲学》，张华夏等译，生活·读书·新知三联书店1987年版，第107页。
② ［美］卡尔·G. 亨普尔：《自然科学的哲学》，张华夏等译，生活·读书·新知三联书店1987年版，第107页。

的石蜡，它是所有石蜡中的一种特殊石蜡，其需要加热到10000℃才能融化，只不过我们还没有找到而已，就像归纳论证"所有天鹅是白的"中的黑天鹅的例子一样。因此，我们认为现在人们认知为定律的语句，其仅仅是一种类律，在人们已经观察到的经验基础上，也就是获得的已有知识层面，它是一个定律；对于未来是否还是定律，则取决于未来人们所观察到的经验，确证这一定律的经验越多，这一理想的定律就极有可能是现实中的定律。当然，经验的产生与条件是有联系的，也就是说在不同的条件下，同一事物产生的结果是不一样的。因此，我们认为定律除了我们上面所说的标准外，它还要添加一个评价标准：定律仅仅在条件发生的可能世界中为真。

总之，我们认为基于"覆盖律则"的反事实条件句理论所面临的困境主要有两个，一个是相关条件难题，任何关于"覆盖律则"的理论都要提供相关添加特性的原则方式，最明显的问题是相关条件不是全部的现实真，对于这些真语句之间的关系而言，存在前件的否定，所以，任何后件都会从矛盾中推出，这种难题会引发循环；另一个难题是定律难题，我们如何理解因果律，古德曼所指的定律和类定律陈述是不可共存性的一般表达。简单诉诸于时间顺序是不足以挑选出因果关系的优先程度的。尽管定律或类定律的适当公式化陈述应该以某种方式提供从不可接受的条件句中区别可接受条件句的方法，当这些条件句都恰好由相同的定律支持时，仍然有这样一个问题，即从不可接受的条件句中区别出可接受的条件句来，这些条件句不依赖任何定律。

第六章　返回原点：重新审视覆盖律则的初始问题

　　经过上述的分析，我们对反事实条件句的覆盖律则进路有了初步的判断，但是，好像又觉得思路很乱。为了更好和清楚地了解覆盖律则进路的优势和存在的问题，我们有必要返回原点，对反事实条件句的本质进行反思，也就是探讨什么是反事实条件句的问题。为了更好地讨论这一问题，我们准备从三个方面着手，一是如何看待反事实条件句，反事实条件句是否可以再分类的问题；二是探讨直陈条件句和反事实条件句的关系与区别问题；三是讨论反事实条件句是否有真值问题，如果不能赋真值，那么是否可以采用后件可接受这一概念来刻画反事实条件句。

第一节　反事实条件句的分类

　　关于反事实条件句这个称呼，看似是明确的，实则不然，因为反事实条件句这种称呼实在是太过于笼统，而可以冠以反事实条件句的条件句又多，这不利于问题的分析。学界有些学者以可能世界理论或者认知理论为基础，阐述了反事实条件句的性质，给出了它的真值条件，建立了一些不同的逻辑系统。最近，有人提出这样的观点：只有一种条件句，它只是在不同习惯中依据条件句的时态被使用；另一种观点则提出：哪一种分类能包含全部条件句？

　　为了探讨反事实条件句的本质，也就是什么样的语句是反事实条件句，或者称我们在本文中所探讨的反事实条件句是具有何种特征的条件句，这有待于我们进一步说明。

1. 虚拟条件句等于反事实条件句吗

从字面上看，我们不难理解，虚拟条件句往往指不能实现或纯假想的情况，可以对过去、现在或将来进行假想。虚拟语气的本质就是对根本不可能的情况作出假设。其对应的英文是 subjective conditionals。

反事实条件句是指致力于捕获在自然语言中的"如果那么"陈述的条件陈述，其与实质条件陈述不同，反事实条件可以为假，即使它的前提为真。对应的英文是 Counterfactual conditionals。

虚拟条件句很显然不等同于反事实条件句，那么，问题出现在哪里？我们认为有些反事实条件句用的是虚拟语气，有些用虚拟语句表述的条件句又不是反事实条件句，这会造成理解的混乱。正如齐硕姆所说，尽管经过多年的争辩，这个研究领域仍然没有足够的证据，齐硕姆总结了这个主要的困难：

> 许多反事实（contrary－to－fact）条件句并没有用虚拟语气来表达，而用虚拟语气表达的语句事实上又不是反事实条件句，但是，我们现在所讨论条件句可以用"虚拟条件句"和"反事实条件句"进行相互转换。然而这两个术语都不恰当，但在最近的文献中，人们都使用过这两个术语。①

2. 时态与反事实条件句

正如我们在何谓反事实条件句一节中所做的分析，反事实条件句的分类方法是很多的，借助于时态的不同，我们可以把反事实条件句分为三类：与现在事实相反，与过去事实相反，与将来事实相反。

第一种：与现在事实相反或者现在实现的可能性不大，从句用过去时，主句用将来时。

第二种：与过去事实相反，从句用过去完成时，主句是将来完成时。

第三种：与将来事实相反。

在这三种情况中，一般认为一个反事实条件句是指其前件与日常语言中所表达的事实矛盾或者是这个条件句的前件为真的可能性极低，但是，这个条件句的前件与后件又存在着一定的联系。

在虚拟的反事实条件句中，认为过去时态的虚拟条件暗示着对反事实条件句前件的否定这种观点是值得商榷的。对于这个问题要区别对待，我们认为这个问题要分为两种情况：有些过去时态的虚拟条件句暗示了对条

---

① Roderick M. Chisholm (1946), "The Contrary－to－Fact Conditional", *Mind*, Vol. 55, No. 220 : 289－290.

件句前件的否定，但是也存在过去时态的虚拟条件句并不暗示对前件的否定。例如，安德森（Alan Rose Anderson）就给出了一个反例：

> 如果琼斯已经服用了砷，那么他将会表现出应有的症状。①

这个例子就含有反事实条件句的后件为真的特征，因为琼斯既然已经服用了砷，这是个过去时态表述的语句，根据医学原理，琼斯应该会显示出砷中毒的症状是没有问题的，既然这样，那么前件就是真的，这种过去时态的虚拟条件就不是暗示着对反事实条件句前件的否定。

为了更清楚地说明这个问题，桑德福对安德森的例子进行了变形：如果琼斯已经服用了砷，那么史密斯医生会在他的尸检中发现砷。他认为，在这种情况下：

> 借助于随后发现的事实，琼斯服用了砷并且史密斯医生在尸检中发现了砷，因此，我们是可以确证这个条件句，而不是无法确证它。即使构成这个条件句的语句与事实并不相反，有些学者也认为第二个条件句（指如果琼斯已经服用了砷，那么史密斯医生会在他的尸检中发现砷——引者）是一个反事实句。尽管断定这个语句的人会暗示他相信琼斯没有服用砷并且史密斯医生在尸检中没有发现砷。②

那么，问题出现了，我们如何区分这两类反事实条件句？我们认为区分这两种条件句可以采用随后发生的事实来确定：与随后发生的事实相反，就是对条件句前件的否定。与随后发生的事实相符，就不是对条件句前件的否定。借助于安德森的这个例子，我们尝试说明这种观点，我们认为说出这个语句的人的真实意思有两个，也就是说这个话的人当时暗示：（1）他认为琼斯没有服用砷，（2）史密斯医生在尸检中没有发现砷。这仅仅是主体对其当前状态的一种描述，这种暗示的成立仅仅在主体说话时是当前状态下成立，也就是说话者在说这个话的时候，这种暗示是存在的。这种描述的出现是基于主体确信"琼斯已经服用了

---

① Alan Rose Anderson（1951），"A Note on Subjunctive and Counterfactual Conditionals"，*Analysis*，Vol. 12：37.

② Sanford，D. H.（1989），*If P , then Q : Conditionals and Foundations of Reasoning*，London：Routledge. 77.

砷"为假，其只是对其当前的状态事实有关，和随后的事实无关。我们不能把这个条件句成立的条件视为主体说话前、说话时和说话后的所有时间。

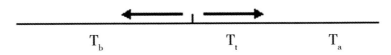

言说者言说语句的时间

但是，这种语句脱离了最初说话者说话时的语境时，就可能不成立，我们认为在随后的实践中，这种语句会出现两种情况，借助于事实，我们可以证明这个条件句为真或者为假：

（1）与随后发生的事实相反，就是对条件句前件的否定。

（2）与随后发生的事实相符，就不是对条件句前件的否定。

3. 事实与反事实条件句

古德曼在《事实、虚构与预测》一书中按照依据前件和后件都为假的标准，重新限制了反事实条件句这个术语。依据这种分类标准，我们可以把条件句分为事实条件句、半事实条件句、表征专门问题的专门性的反事实条件句、反比较句和反法定句几大类。其中，古德曼把前件假、后件真的条件句定义为半事实条件句。

我们认为如果学界遵从古德曼所使用的"反事实""半事实""事实"的分类，那么问题就会变得简单。就像应用于真条件句的一样，这些术语既排他又穷尽了基于命题逻辑的反事实条件句的所有可能性。唯一没有包括的可能性是：后件假，前件真的情况。但是，不管是在直称语气还是虚拟语气中，这种条件句都是假的，我们可以把古德曼的分类情况借助于真值表表示出来，这里"＞"表示反事实蕴涵联结符号。

古德曼反事实条件句的分类

A	C	A ＞ C	
T	T	T	事实条件句
T	F	F	
F	T	T	半事实条件句
F	F	T	反事实条件句

　　但是，这种分类实际上是假设虚拟的反事实条件句的子句有真值。例如，尽管"琼斯服用了砷"这样的语句不是虚拟的，但它有真值，那么，反事实条件句的子句是否有真值呢？关于这个问题，我们会在本章的第三节专门进行论述。

　　综上所述，我们认为要想正确地理解反事实条件句，我们首先要界定什么是反事实条件句：我们所指的反事实条件句是指是用虚拟语气表述的条件句，没有用虚拟语气表述的条件句不在我们的研究之列。反事实条件句分为与过去的事实相反，与现在的事实相反和与将来的事实相反。我们可以把这种"相反"分为两种情况：（1）与事实相反；（2）不大可能会发生。

　　我们认为第一种情况可以视为与事实相反。主要指能实现或者已经实现的情况，本质是对可能发生的情况的一种表述。我们认为，这种情况也许就是齐硕姆所说的反事实条件句。

　　第二种情况可以视为不大可能会发生。主要指不能实现或纯假想的情况，可以对过去、现在或将来进行假想，本质就是对根本不可能的情况发生假设。我们认为，这种情况也许就是齐硕姆所说的虚拟条件句。

　　我们认为，这两种条件句确实是不同的，把它们视为一种条件句是有问题的。它们是有关系的，其关系是它们都和事实相关，只不过一个与确定的事实或者难出现的事实相关，另一个和根本不可能出现的事实相关，也就是不可能出现的假想有关。

　　为了更好地分析反事实条件句的，基于上述的分析，我们觉得有必要重新定义何为反事实条件句，我们认为可以借助于可能世界的概念来定义反事实条件句，我们把可能世界简单的分为与现实世界相同的可能世界和与现实世界不同的可能世界，这样，我们可以重新定义真假：

　　　　（T_1）如果一个简单命题在和现实世界相对应的可能世界中存在，就是真的。也就是一个简单命题 A 是真的，当且仅当 A 在和现实世界相对应的可能世界 W_i 中存在，即满足 $\Delta(A, W_i)$ 这个确定集合条件。

　　　　（T_2）如果一个简单命题在和现实世界相对应的可能世界中不存在，即使在别的可能世界中为真，它仍然是假的。也就是一个简单命题 A 是假的，当且仅当 A 在和现实世界相对应的可能世界 i 中不存在，即使 A 在除 W_i 以外的所有可能世界集合Γ中为真，即满足Δ(¬A，W_i) 这个确定集合条件，即使存在Δ(A，Γ)。

显然，反事实条件句的前件无论是与事实相反还是不可能发生，其对应的事实都是在现实世界中不存在的，借助于这个判断，我们可以重新定义反事实条件句：

(T_3) 一个条件句的前件只要在现实的可能世界中为假，那么这个条件句就是一个反事实条件句。也就是一个条件句 A > B 的前件满足Δ(¬A，W_i) 这个确定集合条件，那么这个条件句 A > B 就是一个反事实条件句。

因为条件句的"如果"这个语词本身就表示一种假设，如果前件所描述的事实在与现实世界相对应的可能世界中为假，那么，这显然是假设了一个与现实世界相反的情况，我们就可以把这类条件句视为反事实条件句。借助于这种分析，我们会在最后一章中给出一个基于可能世界的反事实条件句为真的条件。

在本文中，我们认为反事实条件句应该只要具备反事实即可，用虚拟语气表述的、与事实不相反的条件句不是反事实条件句。用文恩图表示为：

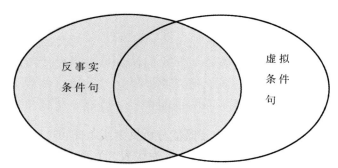

图中的阴影部分的条件句我们称为反事实条件句。阴影外的条件句虽然是用虚拟语气表述的，但是不是反事实的，我们把它称为非反事实的虚拟条件句，其余的称为反事实的虚拟条件句，借助于这种分类，我们可以把非反事实的虚拟条件句从反事实条件句的范畴中排除，从而使得反事实条件句的范围变小，以避免混乱。也就是我们把古德曼所认为的半事实条件句也划归到了反事实条件句的里面：

条件句的分类

A	B	A > B	
T	T	T	事实条件句
T	F	F	假事实条件句
F	T	T	反事实条件句
F	F	T	反事实条件句

第二节　反事实条件句与真值条件

关于反事实条件句是否具有真值条件，有学者认为直陈条件句和反事实条件句这两者是可以互换的，古德曼就持有这种立场，他认为子句为假的条件句也可以转化为子句为真的条件句。例如：

> 如果那块黄油曾被加热到 150 ℉，它会熔化。
> 由于黄油没有熔化，于是它没有被加热到 150 ℉ ①

古德曼把第二个语句称为事实条件句，并认为反事实句难题也是事实条件句的难题。无独有偶，齐硕姆也持有这种观点，在 1946 年的文章里，齐硕姆就指出：

> 当然了，只要我们能断定虚拟条件句，我们也能断定对应的直陈条件句。②

基于此，很多学者发展出了既能分析反事实条件句也能分析直陈条件句的统一理论，这种理论以 Y 型分析为代表。Y 型分析是既能概括归结直陈条件句和虚拟条件句的一般特征又能解释这两种条件句的不同或分歧的条件句分析。更加形象的说明是，我们可以把"Y"上方的分叉看作两

---

① ［美］纳尔逊·古德曼：《事实、虚构和预测》，刘华杰译，商务印书馆 2007 年版，第 22—23 页。

② Roderick M. Chisholm（1946），"The Contrary – to – Fact Conditional"，*Mind*，Vol. 55，No. 220.

种条件句之间的区别，把"Y"下面的一竖看作两种条件句之间的共性。

在独立的考虑直陈条件句和虚拟条件句的分析后，一些哲学家感到十分惊奇，因为这两种条件句最好是被松散地联系在一起。其它的哲学家已经试图给出一个这两个条件句的更加统一的标准，以方便解释这个分析是如何聚合和分歧的，也就是一个 Y 型分析。戴维斯（Wayne Davis）和斯塔尔纳克分别给出了两个具有这样类似形式的说明。

按照 Wayne Davis，反事实条件句的恰当分析应该是：A > C 是真的，当且仅当一直到前件的时间为止，在最像现实世界（依据世界状态）的 A 世界，C 是真的。①

为了说明这个问题，让我们考虑一个例子：

若布斯在 1865 年没有暗杀林肯，则其它的人会暗杀林肯。这个条件句是真的，当且仅当在直到林肯 1865 年死亡为止，在最像现实世界（依据世界状态）的世界，其它的人会暗示林肯。

直陈条件句的分析则为：A→C 是真的，当且仅当依据所有的世界状态，在最像现实世界的 A 世界，C 是真的。让我们看一看下面这个例子：如果布斯在 1865 年没有刺杀林肯，那么其它人刺杀了他。这个条件句是真的，当且仅当依据所有的世界状态，在与现实世界最接近的 A 世界，C 是真的。

这个分析构成了一个一般的 Y 型分析。原因是：为了确定任何条件句的真，你必须决定是否在与现实世界最接近的世界（依据关于所有世界状态的相似性）中前件是真的，后件是真的。虚拟条件句和直陈条件句是存在分歧的，因为在虚拟条件句中，你仅仅需要考虑直到前件的时间为止，最相似现实世界的世界，而在直陈条件句中，我们要考虑在任何时间，最相似现实世界的世界。

值得注意的是，戴维斯的研究进路预设了条件句是有真值的思想，他的分析只是想给出一个这种方式条件句函数的大体框架。但是，这个分析并没有被众多逻辑学家所接受。

斯塔尔纳克提出了解释直陈条件句和虚拟条件句的一般特征的另一个进路。他暗示只要有人断定一个条件句，他断定 C 在一些由选择函数挑选的 A 世界是真的。"最相似世界"的思想一定是选择函数的一部分，但是，这个选择函数会改变言语的语境。斯塔尔纳克认为，在任何已知的语

---

① Davis, W. (1979), "Indicative and Subjunctive Conditionals", *Philosophical Review*, 88: 544 – 564.

境中，存在一个每人想当然认为的确定命题集合，斯塔尔纳克称之为在所有命题为真的语境集合的世界的类。语境中的世界是现实世界的候选，因为所有假设的命题在它们中是真的。当有人断定一个条件句时，除非他另外指出，我们有权利想当然的认为他正在使用一个在语境集合中挑选一个世界的选择函数，对直陈条件句发出我们不能想当然的认为包括虚拟条件句标记的信号，就像单词的使用一样。当一个言语者说出一个虚拟条件句时，他的选择函数会挑选一个每一个人被确信是非现实的世界。①

这个分析是 Y 型的。当有人断定任何种类的条件句，他断定 C 是真的，在一个 A 世界，由他的选择函数所决定的。直陈条件句和虚拟条件句的划界为：在直陈条件句，选择函数在一个语境集合中挑选一个世界，而在虚拟条件句中，选择函数则可以在语境集合外挑选一个世界。

多年来，学界无人挑战齐硕姆的这种直陈条件句与反事实条件句互相转化的观点，但是，亚当斯（Ernest W. Adams）提出了一个反例：

> 假如奥斯瓦尔德没有在达拉斯刺杀肯尼迪，那么其他人也将刺杀他。
>
> 如果奥斯瓦尔德没有在达拉斯刺杀肯尼迪，那么其他人刺杀了他。②

显然，第一个语句是反事实条件句，意思是奥斯瓦尔德在达拉斯刺杀了肯尼迪；第二个语句是直陈条件句，意思是其他人刺杀了肯尼迪。这两个句子是不能转化的，因为转化结束后，结论是不一样的。桑德福也举出了一个例子，这个例子更加形象，贴近生活，也更具有代表性：

> 如果我没有洗这些盘子，那么没有人将会去洗盘子。
>
> 如果我不洗盘子，那么有人会去。③

显然，第一个语句是反事实条件句，意思是我洗了这些盘子；第二个

① Stalnaker, R. (1991), "Indicative Conditionals", in F. Jackson (ed.) Conditionals, Oxford Readings in Philosophy, Oxford: Oxford University Press, 136 – 155.

② Adams, E. W (1970), "Subjunctive and Indicative Conditionals", Foundations of Language, Vol. 6: 90.

③ Sanford, D. H. (1989), If P, then Q: Conditionals and Foundations of Reasoning, London: Routledge. 79.

语句是直陈条件句，意思是其他人洗了盘子。其意思是如果第一个反事实条件句是真的，那么与其对应的直陈条件句就是假的。所以，齐硕姆的"当然了，只要我们能断定虚拟条件句，我们也能断定对应的直陈条件句"这句话是有问题的。也就是一个充分的虚拟条件句理论不会暗示与真的虚拟条件句相对应的每一个直陈条件句都是真的。

例如："如果我没有洗这些盘子，那么没有人将会去洗盘子。"这个虚拟条件句是真的，与此对应的直陈条件句为"如果我不洗盘子，那么有人会去。"

"如果我没有洗这些盘子，那么没有人将会去洗盘子"的意思是"如果我不洗盘子，那么没有人会洗"。由这个条件句不会得出直陈条件句"如果我不洗盘子，那么有人会去"是真的。

但是，正如上面我们所举出的例子：（1）如果布斯没有刺杀林肯，那么别人将刺杀他。（If Booth does not kill Lincoln，then somebody else will）；（2）假如布斯没有刺杀林肯，那么别人也会刺杀他。（If Booth had not killed Lincoln，then somebody else would have）一般情况下，不同意（1）的人也会不同意（2）这个反事实条件句。因为，在这种情况中，很明显是存在两种前件为真的世界的：现实世界；非现实世界。显然，斯塔尔纳克的这一研究路径并没有考虑这一点，这是有问题的。但是，如果考虑条件句在内涵语境中的应用问题，那么可能世界进路应该是一个明智的选择。基于此，我们认为反事实条件句与直陈条件句显然是不同的。

对于反事实条件句的真值问题，古德曼认为反事实条件句 A > C 是真的当且仅当 A 加上某些其他的相关前提衍推 A，本内特对这种表述进行了更为准确的概述：

> A >C 是真的当且仅当存在一个符合确定限制的真命题的支持条件，使得（A &支持条件）加上定律的合取衍推 C，也就是说，因果律的合取控制现实世界。①

那么，反事实条件句的子句有真值吗？这是一个问题，对此，本内特指出：

> 根据这种分析，条件句谈论的是有一个真命题的支持条件……等

---

① Bennett, J. (2003), *A Philosophical Guide to Conditionals*, Oxford University Press. 302.

等；并没有说它是什么命题。例如，我相信"如果我吃了阿司匹林，我的感冒现在就好了"是符合事实的，然而这个语句并没有表述阿司匹林事实的观念以及我的大脑认为其为真的看法。类似的，条件句提到了因果律，但却没有陈述它；我相信"如果我把铁加热，它就会熔化"是符合事实的，但是却没有定律使它为真的信念。①

无独有偶，桑德福也对这一问题提出了自己的观点，他还是借助了琼斯已经服用了砷的这个例子，他认为尽管不是作为虚拟语气的，"琼斯已经服用了砷"事实上是有真值的，但是，我们该如何看待这个问题呢？对于这种情况，桑德福用一个例子来说明这种情况：

> 琼斯服用了砷，但每月只固定的服用很少剂量，几年后，他没有表现出任何临床症状。自从特维德（Tweedle）小姐每天早上开始在他的咖啡中加入大量的砷后，这种情况开始改变了，琼斯开始感觉不适。②

显然，我们需要考虑如下情景："医生从琼斯的尸检中发现砷或者是真的或者是假的"这个问题是完全的还是不完全的？桑德福认为这种考虑是不完全的，因为：

> 在我们进行补充的回答之前，我们不得不理解前件。因为后件本身作为一个完整的句子不会自然指派一个真值。③

如果琼斯已经服用了砷，那么他将会表现出应有的症状。琼斯没有服用砷，所以前件"琼斯已经服用了砷"是假的。显然，"如果琼斯已经服用了砷"在语法上是一个完整语句。但是，当我把它视为一个完整语句时，不管它是否符合语法结构，我们不知道如何确定它的真值，要确定它的真值，我们显然要理解这个反事实条件句的另一部分。

我们认为，古德曼的分析实质上默认如下的情况：一个反事实条件句

---

① Bennett, J. (2003), *A Philosophical Guide to Conditionals*, Oxford University Press. 302.

② Sanford, D. H. (1989), *If P, then Q: Conditionals and Foundations of Reasoning*, London: Routledge. 78.

③ Sanford, D. H. (1989), *If P, then Q: Conditionals and Foundations of Reasoning*, London: Routledge. 78.

的后件（命题）如果是真的，那么必然存在一个相关条件支持这一个后件（命题）。在这里，古德曼显然把命题视为真值的承担者。那么，存在的问题是，命题是否有真值。例如，我相信"如果我吃了感冒药，我的感冒现在就好了"是符合事实的，然而这个语句并没有表述感冒药事实的观念以及我的大脑认为其为真的看法。

现在考虑"'我的感冒就好了'是真的还是假的？"这个问题是不完全的。要想完整判断这个问题，显然我们要借助于这个反事实条件句的前件，理解这个反事实条件句的前件。

在人们的日常认知中，人们一般不会对一个具有将来时的单独语句指派一个真值，因为这个语句所描述的情况还没有出现，是一个未知的情况，所以无法判断其真假。但是，"我的感冒就好了"这个语句在语法上很显然是一个完整的语句。当我们把其视为一个完整的语句时，我们很难对其确定一个真值。这也是反事实条件句的一个特征。

尽管逻辑学家更加倾向于把语句、陈述和命题作为真值承担者，但是，或许我们可以考虑对应于条件句组成部分的直陈部分，而不是考虑它们的非直陈部分，以避免上述出现的问题。那么，虚拟条件句的子句有没有真值？我们认为虚拟的子句有真值，这个虚拟的子句在言说者说话时以及之前的时间是没有真值的，但是，随着时间的推移，我们借助于事实可以断定这个子句是否为真或者为假。如果我们把条件句分为事实条件句与反事实条件句，那么，实际上我们就是认为反事实条件句是有真值条件的。

第三节　拉姆齐设想是什么？

对于条件句，大多数学者所描述的只是对它们提出了一个解释，认为"如果 A 成立，那么 B 会成立"的真要超出实质条件句的真。对于超出实质条件句为真的问题上，学界已经提出了一种新的解释说明，按照这种观点，条件句"如果 A，那么 B"被分析为由命题 A 和 B 表述的断定（由A 得到 B 的断定）加上某种从语境积聚的其他假设。这种思想与反事实条件句有着紧密的联系，我们知道反事实的言语是不能作为条件句断定来考虑的，但上述思想所描述的理论，却可以提供一个使用适合反事实条件句的理论框架，齐硕姆的反事实条件句理论就是基于这种思想而产生的。

经过上面几章的分析，我们认为要想厘清覆盖律则所面临的问题，回到问题的原点，即拉姆齐本人对这个问题的表述可能是合适的。因为这种研究进路是依据拉姆齐的建议提出的，当然，覆盖律则是发展了的拉姆齐设想的内容，两种还是存在区别的。如何理解拉姆齐的建议就成为我们必须要研究的对象。

尽管在20世纪20年代拉姆齐就提出了"覆盖律则"这种思想，但是，这种思想在当时并没有引起学界的注意，直到20世纪40年代，这种思想才被齐硕姆、古德曼等学者所关注，并引发了"当代条件句逻辑研究的第一次浪潮"。[①] 学界对解释反事实条件句的拉姆齐设想的讨论是热烈的，他们从不同的角度对拉姆齐设想进行了解释，根据学界对"拉姆齐设想"解读思路的不同，我们把学界的解读进一步细分为"简单的拉姆齐设想"和"精致的拉姆齐设想"，在此基础上了，我们回到拉姆齐的最初表述，尝试找到已有依据拉姆齐的设想所进行的研究和拉姆齐本人的表述之间存在的差异，以便更好地理解覆盖律则所面临的困境。

1. 简单的拉姆齐设想

简单的拉姆齐设想主要为齐硕姆和古德曼所支持，对于如何确定一个反事实条件句的真值，齐硕姆认为借助于拉姆齐设想就可以解决，在《反事实条件句》一文中，他依据拉姆齐所提出的这种处理条件句的设想，提出了一个刻画反事实条件句为真的构想：

> 让我们考虑一个虚拟条件句或者反事实条件句是否可以按照衍推来进行重新公式化：后件由前件合取先前的知识储存所衍推。[②]

一种更加著名的基于"覆盖律则"的反事实条件句思想来自古德曼，他进一步发展了齐硕姆的思想，认为要说明一个反事实条件句为真的，除了需要具备以下条件外：

> 一个反事实条件句是真的当且仅当存在真语句的某个集合S，使得S与C和¬C相容，并且使得A·S是自相容以及通过定律可以导出¬C；但不存在集合S'与C和¬C相容，并且使得A·S'是自相

① Horacio Arló – Costa (2007), The Logic of Conditionals. http：//stanford. library. usyd. edu. au/entries.

② Chisholm, R. M. (1946), "The Contrary – to – Fact Conditional", *Mind* (55)：298 – 299.

容以及通过定律可以导出 $\neg C$。①

还需要补充以下条件：

> 除了满足已列出的其他要求外，S 还必须不仅要与 A 相容而且要与 A 是"联合支撑的"（jointly tenable）或者与 A 是"共支撑的"。②

我们可以把古德曼的这种分析表述为一个反事实条件句是真的，当且仅当存在真语句的某个集合 S，使得 S 与 A 共支撑，并且在 A 和定律的合取可以衍推出 C；但不存在集合 S'，使得 S' 与 A 共支撑，并且在 A 和定律的合取可以衍推出 $\neg C$。我们把这种成形于齐硕姆，后由古德曼所发展的，仅仅基于前件与"定律"的合取就衍推出反事实条件句后件的思想称为"简单的拉姆齐设想"。

从表面上看，"简单的拉姆齐设想"好像很好地捕捉到了拉姆齐的思想核心——反事实条件句与我们现实世界直觉两者之间的联系。例如，按照古德曼的分析，当我们说"如果火柴被摩擦了，那么它就会被点燃"时，我们这句话所表示的含义是"火柴就会被点燃"这个反事实条件句的后件，可以由"火柴被摩擦"这个反事实条件句的前件、自然律以及与其相关的背景条件这三者的合取衍推出来。从直觉上看，这些相关背景条件应该包括火柴是制作完好的、火柴是干燥的、火柴周围的氧气是充足的、与火柴摩擦的摩擦物是否是干燥的等等。但是，什么情况下可以产生相关条件？显然，对于这个至关重要的点，我们却无法进行精确的量化说明，因为它是模糊的。例如，我们无法说清楚与火柴摩擦的摩擦物是由上海毛织公司制造的相关条件究竟是什么？

如果要想使得"简单的拉姆齐设想"成为一种经得起推敲的理想理论，那么任何"简单的拉姆齐设想"都要提供一个可以明确界定相关条件的原则，这就是古德曼所说的"相关添加难题"。从古德曼的观点看，"简单的拉姆齐设想"这个说明面临一个无法避免的困境：循环。因为古德曼所提出的共支撑观点是依据反事实条件句定义的，通俗的说，为了确定一个反事实条件句是否为真，我们不得不确定是否存在一个集合 S 与这

---

① Nelson Goodman（1947），"The Problem of Counterfactual Conditionals"．*The Journal of Philosophy*，Vol. 44：118.

② Nelson Goodman（1947），"The Problem of Counterfactual Conditionals"．*The Journal of Philosophy*，Vol. 44：120.

个反事实条件句的前件共支撑。但是，为了确定集合 S 是否与这个反事实条件句的前件共支撑，我们就要确定反事实条件句的前件衍推出集合﹁S是否是真的。基于这种分析，我们只能说"简单的拉姆齐设想"显然是无法合理解决这种问题的，这正如梅特斯（Benson Mates）所说：

> 大多数更为理想的分析（指反事实条件句的分析——引者）以实现如下目的：一个形如"如果 P 成立，那么 Q 会成立"的语句为真，当且仅当 Q 语句为 P 语句加上满足不同条件语句 S（假设背景）集合的逻辑后承。虽然学界通常认为 S 应该包含某些科学定律，但在明确保有这种类型的说明可能性并避免它平凡的其他条件下，这种说明存在巨大的困难。①

2. 精致的拉姆齐设想

为了解决古德曼的"相关条件难题"，许多学者对此进行了讨论，他们在古德曼等人的"简单的拉姆齐设想"的基础进行了进一步的精致，从总体上看，这种"精致的拉姆齐设想"主要有两种思路。一种思路是把时间因素加入到"简单的拉姆齐设想"中，这种思路是学界在质疑古德曼的"共支撑"理论时提出来的；另一种思路是把因果相关加入到"简单的拉姆齐设想"中，这种思路出现在 20 世纪 70 年代，在时间上比上一种思路要晚一些。

最早把时间因素加入到"简单的拉姆齐设想"的是帕里（W. T. 帕里），他认为通过添加断定的"简单事实"和他提到的"两个定律"到古德曼的"共支撑"思想，就可以合理地解决"简单的拉姆齐设想"所面临的困境，他认为通过以下"两个定律"可以解决"简单的拉姆齐设想"所面临的"相关条件难题"：

> （定律 1）对于任何时间 t，如果一根在 t 时被摩擦的火柴在 t 时是制作良好的、干燥的，并且氧气与 t 时其他的条件是确定可以提供的，那么火柴在紧接着 t 时之后的时间 t' 被点燃的结果就会出现。②
> （定律 2）对于任何时间 t，如果一根火柴在 t 时被摩擦，那么在当前的时间 t，它是制作良好的、氧气和确定条件比干燥更重要，但

---

① Mates, B. (1970), "Review of Walters", *Journal of Symbolic Logic*, Vol. 35: 303 – 304.

② Parry, W. T. (1957), "Reëxamination of the problem of counterfactual conditionals", *Journal of Philosophy*, Vol, 54: 87.

是这根火柴在 t 时之后的任何时间都没有点燃，那么可得出这根火柴在 t 时没有燃烧。①

科瑞也持有相似的建议，他也认为借助于时间因素可以解决"简单的拉姆齐设想"所面临的"相关条件难题"：

> 事实上，我把定律与事件的蓦状添加到普遍的因果模式中，在开始的短暂间隔，火柴是干燥的、氧气是充足的等等，并且火柴被摩擦了；这些条件继续在本质上保持不变，在这个间隔的最后部分，火柴被点燃了。②

但是，在某些反事实语句中，前件提到的情况会与时间同时发生，所以，时间因素不能有效地排除实际没有出现的事情，并以此作为条件不相关的依据。例如，如果我们在一定条件下对一根铁棍进行加热，使它的温度持续升高，这根铁棍会在达到一定温度时颜色发红，那么如果我们在另外的时间、以相同的条件对几根相同的铁棍进行加热，那么它们会在相同的时间发红，不会差之毫厘。因此，帕里和科瑞的解决方案是存在问题的。

为了解决帕里和科瑞所面临的难题，斯隆进一步精致了这条进路，他的解释基本上利用了帕里、科瑞等人的直觉，但又有所不同，他利用了"时间基础"（base – time）这个概念来精致"简单的拉姆齐设想"：

> 一个具有时态"would"的反事实条件句是真的当且仅当：（1）它的后件可以由它的前件自然地衍推；或者（2）存在具有时间基础特征的条件 b，与它的前件缺乏一种关系，它在时间基础所获得内容很自然地与前件相容，这种情况下存在一个依据前件和/或 b 加上非统计的（因果）定律的有效（单独）后件解释。③

斯隆的解决方案诉诸于某种优先性或者是不对称性，从上述表述不难

---

① Parry, W. T. (1957), "Reëxamination of the Problem of Counterfactual Conditionals", *Journal of Philosophy*, Vol, 54：87.

② Cooley, J. C. (1957), "Professor Goodman's Fact, Fiction, & Forecast", *Philosophical Review*, Vol. 71：298.

③ Slote, M. A. (1978), "Time in Counterfactuals", *Philosophical Review*, Vol. 87：17 – 18.

发现，斯隆所指的反事实条件句时间基础是条件句前件和产生后件的定律所获得相关因素的时间，时间基础包括火柴的实际干燥，但不包括时间基础后实际上没有点燃的时间，这种情况实际上内含着一种优先性或者不对称性，即优先考虑时间基础时的火柴状况，而没有考虑时间基础后火柴没有点燃的时间，因此，斯隆解决方案中内含的不对称性或者优先性本身是难以理解的。综合上述分析，我们对用时间因素来解决"相关条件"难题得出如下观点：我们认为定律很难指示相关性，并且单纯依据时间来定义相关性也是困难的。也就是说如果我们依据反事实条件句来说明这种解释"简单的拉姆齐设想"的方向，那么我们的理论会陷入一种循环的困境。如果我们不依据循环来解释"简单的拉姆齐设想"，那么我们只能按照我们的解释思路来说明条件句，而解释在说明条件句中的作用仅仅是假定问题正确，而不是问题的最初出发点。

为了解决上述难题，有些学者以另外的视角来看待"相关条件难题"。从古德曼的表述看，古德曼所提出的火柴的例子是因果性的，但他并没有规定"由定律所导致"的语词应该理解为只对因果律进行重新限制。正是基于这一点，科维（Igal Kvart）提出了与帕里、科瑞和斯隆等人不同的解释思路，科维借助于因果相关的概念来解决"相关条件难题"，即用因果不相关和纯粹的正因果相关概念对"简单的拉姆齐设想"进行辩护。在科维的解决方案中，因果相关和不相关不是初始概念，他只是把它们定义为概然性的，但是，有些明显可接受的反事实条件句没有涉及因果性，也没有涉及因果律。正是基于这个原因。2003 年，贝内特尝试对上述两种思想进行改良，与其他人不同的是，本内特借助了"简单命题"（simple propositions）这一概念：

A > C 是真的≡C 是由（A& 定律 & 支持）所衍推出来的，这里的支持是一个真的合取，其（1）不是通过¬A 的真而因果为真并且（2）是简单地（simple）、坚固（strongly）地独立 A。①

贝内特认为条件（1）可以解决因果矛盾问题，条件（2）可以解决逻辑净化（cleaning）问题。② 但是，贝内特的这种想法是一种形而上学的思想，而不是认知的思想，与可能世界进路相比，语言学进路的优势正

① Bennett, J. (2003), *A Philosophical Guide to Conditionals*, Oxford University Press：321.

② Bennett, J. (2003), *A Philosophical Guide to Conditionals*, Oxford University Press：321.

是在于其认知的基础，因为一个理性的人认知真语句、因果律和逻辑衍推要比认知具有思考可能非现实世界的知识更容易。因此，我们认为贝内特的做法偏离了语言学进路核心。那么，由拉姆齐检验，齐硕姆发展，古德曼集大成的"拉姆齐设想"究竟指什么呢？

对此，我们还是要回到起点，重新审视拉姆齐最初的表述。齐硕姆认为：

> 我们的难题在于呈现一个虚拟条件句形式"(x)(y) 如果 x 和 y 是 Ψ，y 会是 x"，使之成为一个表达同样意思的直陈条件句。①

古德曼开篇就指出：

> 对反事实条件句的分析，绝不是语法上的雕虫小技。实际上，如果我们缺少解说反事实条件句的方法，我们几乎就不能声称拥有恰当的科学哲学了。②

施耐德（Schneider，E. F）在他论文的综述中指出：

> 讨论虚拟条件句的意义在最近几年活跃起来了。③

沃特斯（Walters）也强调：

> 大多数更为理想的分析以实现如下目的：一个形如"如果 P 成立，那么 Q 会成立"的语句为真，当且仅当 Q 语句为语句 P 加上满足不同条件语句 S（假设背景）集合的逻辑后承。虽然学界通常认为 S 应该包含某些科学定律，但在明确保有这种类型的说明可能性并避免它平凡的其他条件下存在巨大的困难。④

---

① Chisholm，R. M.（1946），"The Contrary – to – Fact Conditional"，*Mind*（55）：289.

② Nelson Goodman（1947），"The Problem of Counterfactual Conditionals." *The Journal of Philosophy*，Vol. 44，p. 44.

③ Schneider，E. F.（1953），"Recent Discussion of Subjunctive Conditionals." *The Review of Metaphysics*，Vol. 6，p. 623.

④ Mates，B.（1970），"Review of Walters"，1967，*Journal of Symbolic Logic*，Vol. 35：303 – 304.

它准确地阐述了拉姆齐的建议所面临的一个令人震惊的难题。从文献中来看，不难发现，古德曼的齐硕姆的目的就是在于实现 Walters 的这种设想，也就是尝试给出反事实条件句的意义。对此，齐硕姆就指出：

> 条件句的意义不能与人们已知断定的特殊基础相混淆。①

但是，从实际效果看，正如我们上面所分析的，齐硕姆和古德曼的这种努力还是出现了问题，针对这个问题，桑福德尖锐的指出：

> 如果这些不同的说明都能分析条件句的意义，那么条件句常常意指比这些说明更多的内容。事实上，它们意指的内容比人们理解的某些条件句断定的内容更多。即使理解所有技术概念的哲学家也不能理解一个上述分析，因为这种分析太复杂以至于不能理解。意义不是一个容易的论题，不管我们对意义持怎样的观点，把不同的条件句说明视为它们的极小的似真分析都是困难的。②

对此，特德·赫德里奇（Ted Honderich）也认为：

> 这里存在两个问题，一是指明条件句的意义，二是条件句的基础或者前提的一般分析。事实上，后一个问题哲学家已经涉及到了，尽管他们做了错误的描述，但也有值得商榷的地方。我们要用合适的眼光对待他们的努力，而不是看他们提供了什么。③

这就要求我们要从条件句的基础、条件句的意义来区别可接受条件、可断定条件以及真值条件，在这三个条件中，真值条件是最强的，它要求的是一个普遍的真，可接受条件是最弱的，其仅仅要求主体认为其为真即可，可断定条件介于这两者之间，如果用可能世界的思路来解释的话，可能更明确：只在主体的一个世界中为真，我们说其是可接受的，在所有的世界中都为真，我们说其是真的，只在部分的世界中为真，我们说其是可断定的。也就是说在任何情况下，这三种条件无论在

---

① Chisholm, R. M. (1946), "The Contrary – to – Fact Conditional", *Mind* (55): 490.

② Sanford, D. H. (1989), *If P, then Q: Conditionals and Foundations of Reasoning*, London: Routledge. 80.

③ Honderich, T., "Causes and If P, Even If X, Still Q", *Philosophy*, Vol. 57, 1982. p. 300.

基础或者是前提上都是有区别的，两个主体借助于不同的基础完全能接受相同的一个条件句，但这个条件句不会因此而具有两个真值，它还是具有相同的真值条件。

古德曼与齐硕姆这两种观点的不同主要在于：古德曼认为 A ＞C 是真的当且仅当有一个真命题支持（A &支持）合取定律衍推确定的限制 C，也就是说，因果律的合取控制现实世界。根据这种分析，条件句谈论的是有一个真命题支持什么……等等，而齐硕姆把 A ＞C 的真与"（A& 定律 &支持）衍推 c，对一个支持值使得……"的真联系在一起，但是他继续没有依据客观限制的支持，而是依据言说者的心理。

实际上，从拉姆齐的原始论述看，这两种解释思路与拉姆齐的最原始叙述还是存在差异的，因为在拉姆齐的原始叙述中根本上就没有出现"支撑"和"集合"这两个概念。拉姆齐的原始叙述是：

> 除非实质蕴涵 p ⊃q 是真的，"如果 p，那么 q"在任何意义中都不为真；一般认为 p ⊃q 不但是真的，而且在某些没有明确表述的特殊情况中是可推断和可发现的。当"如果 p 那么 q"或者"因为 p，q"（当我们知道 p 为真时，"因为"只是"如果"的一个变项）是值得说明的，即使在知道 p 假或者 q 真的情况下，这一点是很明显的。通常，我们可以对弥尔说"如果 p 那么 q"意谓着 q 是从 p 中推出的，当然也就是从 p 加上确定的事实与没有陈述但可由某些由语境显示的方式的定律所推出的。如果真不是一个预设的事实，这意谓着 p ⊃q 可以从这些事实和定律推出；所以，尽管听起来是推论的，但是弥尔的解释不像布兰德利一样陷入循环的困境。①

对于上述问题，拉姆齐又做了更具体的描述：

> "如果 p 那么 q"也可表达为 pr ⊃q，在此，r 不是一种事实或定律，或者说不只是事实与定律的结合，它还包括二阶系统中的命题形式。例如，引用一个唯我论的观点，"如果我睁开眼，那么我将看见一片红"。弥尔理论中对于外部世界的预设只是遵循了它的本性，但

---

① Ramsey, F. P. , "General Propositions and Casuality," *Foundations ：Essays in Philosophy, Logic, Mathematics, and Economics ∕* F. P. Ramsey ；edited by D. H. Mellor ；（Atlantic Highlands, N. J. ：Humanties Press, 1978），144.

绝不能将其用于定义外部世界。从中而来的大量信息将被用作定律，结合我以往的经验，我认为它可能源于"如果我睁开眼，那么我将看见一片红"。但它不能囊括所有对于外部世界的推测。我推测一些事情；这只能是一种预设且须满足这个预设能与二阶系统相关联。弥尔的观点必定会被"外部世界是一个二阶系统"所代替，并且关于它的任何命题都不再是只对某人或物的判定，而是对所有经验中与其不一致的方面的否定。①

由此可见，齐硕姆、古德曼的公式化与拉姆齐的最初描述还是存在本质上的区别的。

在齐硕姆的公式化描述中，他是借助了先前的知识存储来进行的，很明显，拉姆齐所建议是 p 加上确定的事实与没有陈述但可由某些由语境显示的方式的定律所推出的。先前的知识存储不完全等于确定的事实。

在古德曼的公式化中，他是借助了真语句集合来描述确定的事实，并且添加了相容这个逻辑概念，但是，真语句集合能否刻画确定的事实，这是值得商榷的。同时，无论齐硕姆还是古德曼，在公式化过程中，都没有刻画语境，而我们认为语境对于判定一个反事实条件句的真是很重要的，一个反事实条件句是真的当且仅当存在真语句的某个集合 S，使得 S 与 C 和¬C 相容，并且使得 A·S 是自相容以及通过定律可以导出¬C；但不存在集合 S'与 C 和¬C 相容，并且使得 A·S'是自相容以及通过定律可以导出¬C。

但更重要的是，如果我们把这个问题变成一个关于"确定律和假设"的问题，按照拉姆齐的意思，它就不是一个需要调整或改变的信念集问题。

当然，从事实中得到的 p ⊃ q 不是逻辑命题，而是事实的摹状："它们是这样，以致包含 p ⊃ q"。与定律种类或者事实种类相符的意思是我们得到不同的精巧句法变形。例如，"如果他在这里，他一定会投赞成票（因为大家一致通过），但是如果他已经在这里，那么他

① Ramsey, F. P., "General Propositions and Casuality," *Foundations : essays in philosophy, logic, mathematics, and economics* / F. P. Ramsey ; edited by D. H. Mellor ; (Atlantic Highlands, N. J. : Humanities Press, 1978), 144.

也许会投反对票（这是他的本意）"。［在这里，定律＝变项预设］①

通常，我们称虚拟语气为回朔，拉姆齐研究却不这么认为。相反的，他认为虚拟语气需要特定的因果支持：

　　一类情况是特别重要的，即，就像我们所说的，我们的"如果"给我们的不仅是认识理由（*ratio cognoscendi*），而且是存在理由（*ratio essendi*）。在这种情况中，当我们说"如果 p 已经发生了，那么 q 也将发生"，$p \supset q$ 一定从预设（x）. $\phi\chi \supset \psi\chi$ 和事实 r 得出，$pr \supset q$ 是一个 $\phi\chi \supset \psi\chi$ 的例子，并且 q 摹状的事件不会早于 pr 摹状的事件时，这是正常的。这种类型的变项预设我们称为因果律。②

从原文中，我们不难看出，事实上，拉姆齐很清楚直陈条件句与虚拟条件句的区别，它们之间的区别在于认识理由（*ratio cognoscendi*）和存在理由（*ratio essendi*）之间的不同。

　　当然，从事实中得到的 $p \supset q$ 不是逻辑命题，而是事实的摹状："它们是这样，以致包含 $p \supset q$"。与定律种类或者事实种类相符的意思是我们得到不同的精巧句法变形。例如，"如果他在这里，他一定会投赞成票（因为大家一致通过），但是如果他已经在这里，那么他也许会投反对票（这是他的本意）。"［在这里，定律＝变项预设］③

以上研究表明，按照拉姆齐的观点，陈述条件句和虚拟条件句可以用完全不同的理论来支撑。直陈条件句"如果 p，那么 q"意味着 q 可以根据 p 给出的背景信息推出。而反事实条件句"如果 p 存在，那么 q 会存在"则需要借助于证据，在更加具体的情况下才能得到证实，也就是说，

---

①　Ramsey, F. P., "General Propositions and Casuality," *Foundations：Essays in Philosophy, Logic, Mathematics, and Economics* / F. P. Ramsey；edited by D. H. Mellor；（Atlantic Highlands, N. J.：Humanties Press, 1978），145.

②　Ramsey, F. P., "General Propositions and Casuality," *Foundations：essays in philosophy, logic, mathematics, and economics* / F. P. Ramsey；edited by D. H. Mellor；（Atlantic Highlands, N. J.：Humanties Press, 1978），145.

③　Ramsey, F. P., "General Propositions and Casuality," *Foundations：essays in philosophy, logic, mathematics, and economics* / F. P. Ramsey；edited by D. H. Mellor；（Atlantic Highlands, N. J.：Humanties Press, 1978），145.

有些反事实条件句可以表述成因果关系。当然，拉姆齐可接受性条件测验的话题的有关解释至今仍然在哲学界存在着争论，且超出了原有解释的界限，从形而上学到决策制定，许多哲学领域都与之相关。

综上所述，我们认为"简单的拉姆齐设想"和"精致的拉姆齐设想"都没有真正抓住拉姆齐本人的真实叙述的精神，但是，这种探讨对于解决反事实条件句问题是有益的，其突破了囿于传统进路的困境，开拓了反事实条件句研究的视阈，为后学者提供了坚实的研究基础。

第七章 尝试：一个广义的解释思路

在分析了反事实条件句的本质以及拉姆齐的建议后，我们尝试提出一种新的解决覆盖律则难题的解释思路，这使得我们不得不再次回到覆盖律则的最初表述：拉姆齐的设想（LA）。

（LA）"如果 p 那么 q" 意谓着 q 是从 p 中推出的，当然也就是从 p 加上确定的事实与没有陈述但可由某些由语境显示的方式的定律所推出的。如果真不是一个预设的事实，这意谓着 p ⊃q 可以从这些事实和定律推出。①

就像我们马上所看到的，诉诸于简单性的拉姆齐的上述思想是存在问题的。拉姆齐的这种判断一个条件句真假的表述，其目的显然是想把一个复杂的问题简单化，即把一个现实性的实际问题期望用数学性的语言进行精确化描述或者说是刻画，这种想法是好的，思路也是合理的。但是，这种解决问题的思路却面临着巨大的困难：（1）什么事实。它的承担者是命题吗？如果是命题，那么命题能够准确地刻画事实吗？（2）相关性。如何界定确定的事实，这个确定的事实到底如何区分，我们如何确定有些事实是这个条件句所需要的，有些则不是，这些都需要进一步的廓清；（3）语境如何确立。语境本身就是一种可以意会而不可以言传的模糊的意向性的模糊描述，这种模糊性是很难用精确的数学语言来刻画，而拉姆齐的表述很明显是希望把这个问题简单化，其所采用的路径是精确化，这与语境很明显是存在冲突的。（4）定律。什么是定律？哪些定律是和这个条件句相关的，如何确定它们和这个条件句相关，这些都是很麻烦的事情。

---

①   Ramsey, F. P., "General Propositions and Casuality," *Foundations : Essays in Philosophy, Logic, Mathematics, and Economics* / F. P. Ramsey ; edited by D. H. Mellor ; (Atlantic Highlands, N. J. : Humanties Press, 1978), 144.

从上面的分析我们不难发现，无论是齐硕姆，还是古德曼，他们的目的都是试图判定一个虚拟条件句的真值条件。这种思路是符合逻辑的本来要求的，这一点没有错，也就是说，从逻辑的视角看，古德曼和齐硕姆所尝试的覆盖律则路径仅仅试图公式化一个虚拟条件句为真的要求。按照逻辑的观点，一个有效地、非平凡的真值条件公式可能会对没有解决的问题产生如下启发：是否一个真值条件公式能分析意义，或者可以这样表述，是否它可以替代条件句所给出的前提。基于此，我们可以重新公式化拉姆齐的建议：

（LA_1）一个反事实条件句"如果 p 那么 q"为真的条件是这个反事实条件句的前件 p 加上确定的事实和定律共同推出这个反事实条件句的后件 q。

我们认为上述这种反事实条件句的说明能分析条件句的意义，但是反事实条件句常常意指比这些说明更多的内容。事实上，反事实条件句意指的内容比人们理解的反事实条件句所断定的内容要多得多。正如特德（Ted Honderich）所说："这里存在两个问题，一是指明条件句的意义，二是它们的基础或者前提的一般分析。"[1] 事实上，齐硕姆、古德曼等人试图寻找反事实条件句的真值条件的目的，仅仅是试图公式化一个反事实条件句为真的要求。我们可以同意，一个成功的非平凡的真值条件公式会启发没有解决的问题：是否一个真值条件公式能分析意义或者是否它可以替代基于提高的条件句所给出的前提，缺乏明确性的前件给这条进路带来了主要的困难。

古德曼所提出的覆盖律则的核心要素是条件句的前件、定律以及相关条件，"条件"看似是一个定量的概念，实质上"条件"是无法定量的，因为每一个反事实条件句的前提条件都很多，有些是与前件相关的，有些是与前件不相关，因此，覆盖律则的核心思路就是首先要对前提条件进行清除，排除与前件不相关的条件，留下和前件相关的条件，然后再清除和前件不相容的真语句。这种解决思路是没有问题的，那么，古德曼的解决思路为什么会碰到如此大的麻烦，我们认为，古德曼没有考虑以下两点：

（1）如何看待支持前件的条件

我们认为，借助于同样的事实，可能更多的是基于主体对事实的认可

---

① Honderich，T.（1982），"Causes and If P，Even if x，Still Q"，*Philosophy*，Vol. 57：300.

程度，例如：馒头店老板为了吸引回头客，决定对老顾客实行优惠，一般顾客是 10 元钱买 5 个馒头，而老顾客则是 10 元钱买 7 个馒头，比一般顾客多 2 个。问题是：当老顾客第二次回来买馒头时，馒头店老板依据事实会得出，优惠促销方式是有效。也就是老板"由优惠 2 个馒头得出促销方式有效"的结论。

而第二次买馒头的人也许对优惠两个馒头并不敏感，他之所以回来买馒头仅仅是因为这家的馒头店离家近，或者是口味很好，或者是卫生质量有保证，也就是得出"由优惠 2 个馒头得出促销方式无效"的结论。

基于此，我们认为古德曼把支持条件视为相关条件和非相关条件，认为非相关条件对一个推理不起作用，这是没有问题的。但是，相关条件有很多，这些相关条件又可以分为核心相关条件、强相关条件、弱相关条件、边缘相关条件，我们该如何区分它们，它们对结论的支持度有多大我们是不清楚的，因此，这好像又面临一个相关条件的界定问题——如何界定相关条件的强弱。

我们认为支持条件首先应该与后件相关，在此基础上，我们把相关条件进行了区分，我们把支持条件分为相关核心条件，相关主要条件，相关次要条件，无关条件四个层次。用图表示的最深颜色的 A 区域表示核心相关条件，颜色稍浅的 B 区域表示相关主要条件，颜色最浅的 C 区域表示相关次要条件，无颜色的 D 区域表示无关条件。

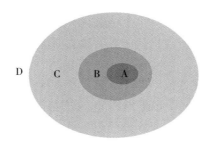

那么，如何区分这些条件呢？我们把这些条件进行了分层：

（1）与条件句相关的定律为相关核心条件，

（2）除定律外的和后件相关的必要条件为相关主要条件，

（3）和后件相关，但是，没有这个条件，后件也有可能出现的为相关次要条件。

例如，在火柴的例子中：

> 如果火柴已被摩擦了，它就会被点燃。

和这个条件句相关的定律为相关核心条件，氧气和摩擦为相关主要条件。因为没有氧气，没有进行摩擦，火柴不会被点燃。干燥则为相关次要条件，因为一根不干燥的火柴也有可能被点燃。

（2）如何看待语境和心理因素。

我们认为一个推理是否有效是由两个因素决定的：一个是决定性因素，即逻辑因素。另一个是不确定因素。逻辑因素自不必赘述，我们认为不确定因素包含语境与心理认知，例如肢体动作、表述的腔调、表情、约定俗成的话语、风俗、生活习惯以及信仰，这些不确定因素很难用一个确定的逻辑语言来描述，但是，在推理中，这些因素对于主体做出因果判断又是起到一定作用的。

美国心理生物学家斯佩里博士（Roger Wolcott Sperry，1913.8.20—1994.4.17）通过著名的割裂脑实验，证实了大脑不对称性的"左右脑分工理论"，因此荣获1981年诺贝尔生理学或医学奖。正常人的大脑有两个半球，由胼胝体连接沟通，构成一个完整的统一体。在正常的情况下，大脑是作为一个整体来工作的，来自外界的信息，经胼胝体传递，左、右两个半球的信息可在瞬间进行交流（每秒10亿位元），人的每种活动都是两半球信息交换和综合的结果。大脑两半球在机能上有分工，左半球感受并控制右边的身体，右半球感受并控制左边的身体。人的左脑主要从事逻辑思维，右脑主要从事形象思维，是创造力的源泉。

按照逻辑学的观点，一个理性主体的逻辑思维、数学思维应该是可以借助于某些形式刻画的，是定性的。按照心理学的观点，一个理性主体在不同的情境下，对同一事物的认知是千差万别的，俗话说情人眼里出西施，就是这个道理。这也给我们一个启发，条件句是一个固定的语句，具有一定的逻辑性，这种逻辑性是可以进行精确描述和刻画的；同时，条件句也有一定的非逻辑性，这些非逻辑性是无法进行精确刻画的。因此，条件句所对应的既有逻辑性，也有心理性。仅仅刻画逻辑性是无法完全展现一个条件句所要传递的所有信息的。所以，仅仅由逻辑来刻画一个条件句是不充分的，要想完整刻画一个自然语言条件句，我们既需要共性的东西——逻辑与数学，也需要个性的东西——个体心理的认知，因此，仅仅依靠一种逻辑途径来刻画自然语言条件句是有问题的，是和自然语言不匹配的，所以，出现一些不符合人们直觉的怪论也是正常的。

我们认为现有的条件句分析过分注重于对条件句结构的形式化分析，而忽视了对条件句所蕴含的行为和活动的分析，因此，我们要重视条件句所使用的言语行为、言语互动等语境因素，也就是说要把条件句视为一种特定语境下的言语表达类型。所以，我们认为条件句所表达的内容除了要遵守一般的逻辑规范外，还要遵循社会关系、文化背景、自身的经验以及个人语调等，这两者之间是互补的，因此，我们认为要采用广义的条件句研究进路，把静态的形式化刻画转向动态的刻画，把静态的形式化的逻辑刻画视为常量，把语境、自身的经验、文化背景以及语调视为变量。

正是基于上述分析，我们认为一个反事实条件句 $p > q$ 是假的，当且仅当在有的（不是全部的）可能世界，存在一个集合 S，使得 S 与 q 和 ¬q 相容，同时，p 加上在可能世界中所处的语境、定律和 S 可以衍推出 q。其中，在有些可能世界中，S 中的所有真语句必须是与前件 p 相结合后，能因果推出支持 q 的真语句，而不能推出不支持 q 的真语句。因此，我们尝试提出一个新的解决反事实条件句相关问题的思路，方法是把上述的因素映射到反事实条件句真假的判定中，即把一个反事实条件句为真的要素和逻辑、语境、信息的不对称、相关条件的强弱联系起来。关于这一点，我们认为反事实条件句是一种特殊的条件句，特殊之处就在于它的前件所反映的情况往往是不存在的。要想判断一个反事实条件句，语境是极其重要的，我们必须把这个反事实条件句放到一定的语境中，才能明确说这个语句的人所表达的真正涵义。同时，把一个反事实条件句为真的要素和逻辑、语境、信息的不对称、相关条件的强弱联系起来。

基于此，我们认为可以把覆盖律则修正为一个广义的覆盖律则：

（GLPT）一个反事实条件句 $p > q$ 是真的要满足以下三个条件：

（1）主体的个人认知要遵循所处语境的社会关系、文化背景，在此基础上是理性的取得自身认知经验的，同时表述条件句的语调是平顺的。

（2）当且仅当在所有的可能世界，存在一个集合 S，使得 S 与 q 和 ¬q 相容，同时，p 加上在可能世界中所处的语境、定律和 S 可以衍推出 q。其中，在所有可能世界中，S 中的所有真语句必须是与前件 p 相结合后，能因果推出支持 q 的真语句，而不能推出不支持 q 的真语句。

（3）当且仅当在一个确定的时间点 t，p 加上确定的事实、法则、在确定的时间点 t 时 p 所处的语境和 S 衍推出 q。（这里 S 是一个与前件 p 因果相关的集合，S 可以衍推出 q，并且不存在一个集合 S' 与 p 衍推出¬q。）

在这个解决思路中，我们首先借助于可能世界来排除与前件不相关的条件，也就是借助于可能世界来刻画相关条件的强弱，（GLAPT）是指一个条件句"如果 A，那么 C"在可能世界 W 中为真，当且仅当，把这个条件句的前件 A 与可能世界 W 进行尝试匹配，之后选择出最相似 W 且前件 A 在其中为真的可能世界。与前件的可能世界相似的真语句，是与前件相关的，与前件的可能世界不相似的真语句显然是与前件不相关的，这样就可以排除掉不相关的材料，同时，借助于可能世界的思想，我们可以把不同条件视为不同的可能世界，这样可以解决前件在不同条件下对后件的支持强弱不同的问题。

其次，我们这种分析依据了"简单的拉姆齐设想"和"精致的拉姆齐设想"思路的直觉，也是对这两种思路的一个修正。我们保留了古德曼所提出的"不存在一个集合 S' 与 p 衍推出¬q"这一合理成分，并把他所提出的定律进一步细分为确定的事实和法则。

第三，我们引入了"简单的拉姆齐设想"和"精致的拉姆齐设想"没有涉及到的语境问题。为了更加忠于拉姆齐的建议，我们弱化了客观性，加入了拉姆齐所提出的认知元素——语境，因为拉姆齐的建议是基于一种主观态度而提出来的，这从拉姆齐的原话我们就可以看出，他指出："当然也就是从 p 加上确定的事实与没有陈述但可由某些由语境显示的定律所推出的。"我们认为无论是"简单的拉姆齐设想"，还是"精致的拉姆齐设想"，都忽视了"语境"，所以，我们使用了语境这个重要的认知因素，我们认为判断一个反事实条件句是否为真，要把这个反事实条件句放到言说者在言说这个语句时的语境中进行判断，因为脱离了言说者的语境与心理认知，我们很难真正了解言说者言说这个反事实条件句的真正目的，因此，我们在重新公式化的"拉姆齐设想"中添加了语境这一因素。

第四，由于语境与时间、因果关系是密切相关的，为了更好地刻画语境，我们吸纳了"精致的拉姆齐设想"中的时间和因果关系这二个因素，我们添加确定的时间点这一因素是想进一步限定反事实条件句相关条件，添加因果关系因素是想强调反事实条件句的前件与后件的关系。我们借助于因果关系来清除掉对条件句的判定有害的相关条件，即相关的支持条件与前件结合后，能因果衍推支持后件和前件的真语句，而不能衍推出不支持前件和后件的真语句，同时，借助于因果关系，我们也可以排除前件和后件无关联的条件句。

当然，在这个广义的覆盖律则解决思路中，我们也深知我们所提出的这种解释也存在一种缺陷，那就是我们用到了相似性和语境这些概念，而这些概念本身是一种模糊性的概念，难以精确量化，不那么精确，也值得商榷，但是，模糊性对反事实条件句也许是恰当的，D. 刘易斯在《反事实》一书中开篇就提出：“这种说明（反事实条件句说明——引者）或者一定用模糊的术语来陈述（这不意味着这些术语不能理解）或者一定由某些相关的参数完成，而这些参数只是根据已知语言所使用时机的大概限制来固定的”。①

---

① Lewis, D.（1973），Counterfactuals. Oxford：Blackwell：1.

结　　语

　　尽管哲学标榜自己研究普遍的规律，但是，这种愿望是好的，在现实生活中确实达不到，因为受制于从事哲学研究人员的学识、视野、资质，一个人的学习能力再强，他在有生之年也不可能穷尽所有事物。基于此，我们在没有穷尽所有事物的前提下，如何能得出普遍性的结论？因此，哲学进一步进行了细分，尝试进行范围更小的研究，但是，这种研究事实上是对整体进行的一种切割，美好的愿望是，普遍性是可以进行无缝切割的，我们把切割的每一个部分都研究透彻了，我们就可以把它拼成一个整体，但是，即使是这样，那么谁又有能力打通为了研究需要而设置的所有学科的壁垒？其次，我们在进行切割后，得到的部分也是一个大的部分，必然要对大的部分进行进一步的切割，这有点类似于逻辑原子论，这必然会导致一种递归，而且是没有递归结束的递归，也就是无限倒退，必然造成一叶障目的感觉。

　　我们对条件句逻辑的认识也囿于此，显然，条件句对于人们来说并不陌生，也容易理解，一般认为，凡是具有"如果 A，那么 B"这种结构的句子，都可以宽泛地称为条件句。条件句对于逻辑是重要的，尤其对二值逻辑而言，更为重要，因为刻画逻辑推理的逻辑与条件句推理的有效性密切相关。条件句对于科学哲学而言，也是重要的，因为条件句的真值和科学定律、确证以及意义密切相关。因此，条件句引起学界的注意就是很自然的事情。人们很早就在想办法来刻画条件句，或者说是想办法来确定一个什么样的条件句是真的。

　　条件句逻辑有着悠久的研究历史，早在几千年的古希腊斯多噶学派就已经开始了对条件句逻辑的研究，他们提出的解决办法十分接近于弗雷格所形式化的条件句真值表法，学界统称为实质蕴涵。此后，研究条件句的学者都遵守这种思想来解读条件句。"实质蕴涵"这种理论认为条件句是真值函项性的，一个条件句的肢命题的真值决定整个条件句的真值。这种思想认为自然语言条件句在意义和真值情况上等价于实质条件句，这种理论一般被称为真值函项语意论，以区别随后的可能世界语意论以及概率语意论。

从条件句的发展史来看，正是真值函项语意论，推动了条件句的发展，因为这种看似简单、易懂的条件句理论会产生"实质蕴涵怪论"，这是学界所不能忍受的。随后的条件句理论主要分为两类：一类是对实质蕴涵理论进行修正；另一类是完全抛弃了实质蕴涵理论，以新的视角来刻画条件句。从总体上看，这些理论的出现，还是基于对实质蕴涵理论会产生实质蕴涵怪论的不满而出现的，那么，实质蕴涵怪论究竟是什么呢？实际上，这是个老生常谈的问题，为了更好地说明问题，我们在本文中还是把它描述出来。最主要的实质蕴涵怪论有两个：

（T_1）"如果 A，那么 C"为真当且仅当 A 为假。
（T_2）"如果 A，那么 C"为真当且仅当 C 为真。

依据实质蕴涵理论，符合 T_1 和 T_2 的条件句都是真的，但是，人们却发现一些满足 T_1 和 T_2 的条件句却违反人们的直觉，而且这种反例巨多，例如：

（ET_1）如果 $2+3=12$，则狗长着六条腿。
（ET_2）如果 $2+3=12$，那么狗长着四条腿

我们认为产生这种现象的主要原因在于传统的条件句进路是把条件句进行蕴涵的解释，虽然这种思想满足了逻辑学能达到像数学一样的精确目的，却产生了一些怪论。

从 T_1 看，其前件为假，导致无论后件是什么语句，这个条件句就是真的。我们从实际情况来看，T_1 之所以会产生怪论，主要和前件为假有关。

从 T_2 看，其后件为真，导致无论前件是什么语句，这个条件句就是真的。我们从实际情况来看，T_2 之所以会产生怪论，主要和条件句的前件与后件无关。

从总体上看，实质蕴涵怪论的产生上主要有两个问题：一是前件和后件无关；二是前件假。

为了解决 T_2 这一问题，有学者强调前件和后件必须相关，以避免实质蕴涵怪论，主要理论是严格蕴涵和相干蕴涵。但遗憾的是，这两种理论

都不能解决这个问题，相关的问题学界已经很明确，这里就不再赘述。

实际上，强调前件和后件之间的关系确实是解决实质蕴涵怪论的一个切入点，对于这一问题，格赖斯给出了更加合理的解决方案，他试图利用普通原则控制会话交换来解释自然语言条件句的这种现象，这种理论可以视为严格蕴涵和相关蕴涵的一种变异，其也强调前件与后件之间要具有联系，只不过与严格蕴涵和相关蕴涵相比，格赖斯的理论突出了一个要点：即要按照语用来区分真值条件和可断定条件。这一要点也是格赖斯理论的核心：真值条件与自然语言条件句意义相关，可断定条件与会话合作原则相关。一般来说，真但不可断定是断定的一个特性，如，无根据的断定，或者做出断定的人不相信它为真等等。对实质蕴涵而言，有些条件句尽管条件句是真的，但却不可断定。

按照格赖斯的理论，在所有的语言交际过程中，为了达到使参与交际的人都希望自己所说的话能够被别人理解和自己能够理解别人所说的话这种目的，讲话人和听话人就需要互相合作和相互配合，在这个过程中，交流双方要遵守一种原则，也就是格赖斯所说的"会话合作原则"：

1. 量的准则：（1）需要多少信息你就提供多少信息（以满足当前交流目的）。（2）不要提供比需要的信息更多的信息。
2. 质的准则：（1）不说你确信为假的东西。（2）不说你缺乏充分证据的东西。
3. 关系准则：使之相关。
4. 方式准则：（1）要避免表达式含混不请。（2）要避免模棱两可的话。（3）要简洁（避免不必要的冗长）（4）要有条理。①

按照这个原则，（ ET₂ ）显然违反了关系原则，因此，它虽然是真的，却不可断定。但是，遗憾的是，格赖斯的会话合作原则却不能完美地解释（ ET₁ ），因为按照实质蕴涵，其为真，但是，（ ET₁ ）又可断定，因为它没有违反会话合作原则。所以，我们认为格赖斯的会话含意理论只对（ T₂ ）式的语句有效。

与格赖斯的含意理论相比，还有一种含意理论，那就是杰克逊（Frank Jackson）的规约含意理论。规约含意产生的原因主要来自按照语

① Grice, H. P. (1975), "Logic and Conversation," in D. Davidson and G. Harman (eds), *The Logic of Grammar.* Encino: Dickenson, 64–75.

词和句法构造的规约用法。对于条件句而言，规约含意是指：已知 A 的情况后，B 的概率是高的，依据鲁棒性的观点表述就是 B 相关于 A 是鲁棒的。那么，什么是鲁棒性呢？如果当你得到新信息 F 时，你也不会放弃你对 S 信念，那么你的 S 信念关于 F 是鲁棒的。

杰克逊认为自然语言条件句的意义比实质蕴涵要多得多，① 当有人说 A→C 时，她仅仅在假设 A 的基础的断定了 C，所以，如果 C 是真的，那么她说的确实是真的，但是她也传递给她的听众一些没有断定而只有含义的更深层的东西，如建议、发信号或暗示等。② 这种理论也强调前件与后件之间要具有联系，认为自然语言条件句和实质条件句有相同的真值条件但却在意义上有差异。

按照这种观点，按照这个原则，（ET_1）和（ET_2）显然违反了鲁棒性（robust）原则，因此，它虽然是真的，却不可断定，也就是（ET_2）保真，但是却不保有可断定性。这是由于我们不能仅仅依据后件是真的，就断定这个条件句，因为我们断定的条件句相对于前件不是鲁棒的。

但是，这种理论还是存在问题的，伍兹就认为接受条件句有真值条件的一个理由是："在条件句出现的真值函项连接词的范围内，我们能对一个复合语句给出解释。任何把真值赋值视为条件句的理论都能解释复合条件句'如果 A，那么若 C，则 R'或者'若 A 如果 C，则 R'语句的意义……然而，当我们考虑上面提到的复合条件句时，条件句有实质条件句相同的真值条件的观点遇到了难题：明白可断定性条件怎样产生是困难的，而这种可断定性条件我们是可以找到的。"③

这种传统的解释条件句的思想在随后的几千年中，虽有发展，但是一直没有大的突破，曾经在古希腊风行一时的条件句理论在时间的长河中，归于了沉寂，即使近代的弗雷格、罗素等人再把条件句理论形式化后，也难以逃出传统进路的研究范畴。但是，从另一个方面讲，条件句逻辑对逻辑学的发展又是极其重要的，因为从某种意义上说，至少是刻画推理的逻辑，都是建立在说明和研究条件句的真值以及条件句推理的形式有效性之上的。尤其是反事实条件句，其和博弈论、人工智能等研究领域有着密切的关系。

随着逻辑学家对条件句理论理解的加深，一些逻辑学家尝试利用新的思想来跨越这些制约逻辑进一步发展的障碍就成为可能。条件句逻辑的研

---

① Jackson, F. (1987), *Conditionals*. Oxford：Basil Blackwell. 6 – 7.

② Jackson, F. (1987), *Conditionals*. Oxford：Basil Blackwell. 28 – 29.

③ Woods, M. (1997), D. Wiggins（ed）. *Conditionals*. Oxford：Clarendon Press. 39.

究所出现的这种窘境随着弗兰克·拉姆齐（Frank P. Ramsey）的出现，开始显现曙光，1929 年，他在《普遍命题与因果关系》一文中，提出了两个研究条件句逻辑的构想，分别是：

　　如果两个人正在争论"如果 p，将会 q 吗"？并且这两个人都对 p 持怀疑态度，那么，这两个人就在假设性地把 p 添加到他们的知识储存中并且基于 q 来展开论证；这样一来，"如果 p，q"和"如果 p，非 q"在某种意义上就是矛盾的。我们可以说他们正在确定在已知 p 的情况下他们对 q 的信念度。①

和

　　"如果 p 那么 q"意谓着 q 是从 p 中推出的，当然也就是从 p 加上确定的事实与没有陈述但可由某些由语境显示的定律所推出的。②

　　前一种思想被学界称之"拉姆齐测验"，这种思想引发了关于以概率、可能世界以及认知等探讨条件句的理论，从文献上看，这种探讨是热烈的。

　　后一种思想被学界称之为"拉姆齐设想"，这种思想经由美国著名的哲学家齐硕姆以及分析哲学、科学哲学和美学领域的大师级人物古德曼等人的发展，慢慢走向完整。由于这种思想运用到了一个条件句的前件加上确定的事实与没有陈述但可由某些由语境显示的定律的思想，学界也把其称之为支持理论。

　　拉姆齐提出的这两种条件句逻辑思想所具有的理论特色恰好满足了这些要求，从弗兰克·拉姆齐所表述的"拉姆齐设想"的语言中，我们不难发现这种思想注意到了条件句的逻辑解读与人们的现实直觉相符这一特性，这与注重精确的传统条件句研究进路的出发点是完全不同的，这无形中拓展了逻辑研究的新视野，为逻辑学的发展和创新提供了更广泛的可能性，也使处于条件句逻辑研究困境的逻辑学家看到了条件句逻辑发展的曙光。因此，我们认为弗兰克·拉姆齐所提出关于"覆盖律则"的反事实

---

① D. H. Mellor（ed）（1978），*Foundations：Essays in Philosophy，Logic，Mathematics，and Economics*. Atlantic Highlands，N. J.：Humanties Press. 143.

② D. H. Mellor（ed）（1978），*Foundations：Essays in Philosophy，Logic，Mathematics，and Economics*. Atlantic Highlands，N. J.：Humanties Press. 144.

条件句思想能得到众多学者的关注不是偶然的，自然有它的原因。

正如我们在上文的分析，覆盖律则理论的一个优点就是它以说明依靠条件的方式来说明一个独立的反事实条件句。我们知道，对于反事实条件句来说，主要有两条研究进路。一条是可能世界的进路，它认为"A > C"意味着"所有满足 A 的世界（集合 K）也满足 C"。按照古德曼的说法，覆盖律则理论是形如"A > C"意味着"存在一个真命题支持（满足确定的条件）A& 支持 & 定律蕴含 C，这里的定律是所有因果律的合取"。实际上，我们认为可能世界理论除了标准的依靠条件外，还允许我们考虑反规则情况、次协调性及如何调整可能世界理论等。支持理论可以经由可能世界理论来表达，只要使得关于可能世界的条件 K 成为一个满足所有实际因果律的世界即可，覆盖律则理论也一样，我们可以从支持理论来说明。然而，存在这样一个事实，覆盖律则理论仅仅是被量化，而不是具体说明，因此可能世界的规则表述需要同等地量化 K。此外，为了使其相当于它所取代的支持理论，我们需要考虑所有的逻辑上的可能世界，然而可能世界理论早前的探讨似乎仅仅考虑形而上学的可能世界，它是一个简化的集合。实际上，可能世界理论可由支持理论来表达是较弱的，对于任何可能世界中的集合 K，都有一个命题在其中为真的问题，我们可以搁置可能世界是否能满足命题这样一个问题，因为该问题与等同的可能世界中的一个或全部是否在 K 中是无关紧要的，因为要么所有的都能满足 C，要么都不能。我们将会忽视支持理论在 A 和支持之外使用定律这样一个事实，尽管允许我们考虑某些可能违反定律的世界，然而，仅仅有一种方式保证存在一个集合 K 中定义的命题，如果我们不能假定任何关于问题中的集合是如何定义的话，这对我们来说是允许无约束的合取和析取。

当然，正如我们在本文中所讨论的，基于"覆盖律则"思想的反事实条件句理论也存在一些困难，这种难题就是"相关条件难题"，我们可以很容易看到存在的麻烦是由下述原因引起的：S 包括一个真语句（不管其意指什么，尽管与 A 相容，但与 S 不适合）的事实。因而，我们需要拒斥这样一种来自相关条件集合的不合适语句。所以，古德曼要求不仅仅要与 A 相容，还要与 A "共支撑"。古德曼区别了与前件共支撑的真语句和与前件不共支撑的真语句。很明显，定义共支撑的相关标准是反事实条件句的语言学进路主要难题中的一个。按照这种解释，古德曼的反事实分析面临一个困难：循环，因为共支撑是依据反事实条件句定义的。也就是，为了决定 A > C 的真，我们不得不决定是否存在一个与 A 共支撑的 A 适合 S。但是，为了决定 S 是否与 A 共支撑，我们不得不决定反事实条件句 A >—S 的真，也就是像古德曼所说的"一个无限循环"。因此，我们需要发现独立共支撑性质的尝试是不依据反事实条件句来定义的共支撑。

我们认为一个基于"覆盖律则"思想的反事实条件句理论，其难题在于一个反事实条件句 A >C 的分析，要说明支持必须与"A& 定律"逻辑相容，也就是与前件以及真因果律的全部的合取逻辑相容。然而，存在许多产生这种结果的方式，在这些方法中，我们的选择会影响我们评价一个特殊的反事实条件句。那么，我们如何理解共支撑？因果律在古德曼的思路中究竟起到什么作用？是否存在古德曼所说的逻辑消除与前件共支撑的真语句？

综上所述，弗兰克·拉姆齐所提出的条件句思想能得到众多学者的关注不是偶然的，主要原因在于传统的条件句进路是把条件句进行蕴涵的解释，虽然这种思想满足了逻辑学能达到像数学一样的精确目的，却产生了一些怪论，其后以蕴涵思想为核心的严格蕴涵以及以后的相关蕴涵，都是为了能消解"实质蕴涵怪论"而提出的。但是，令人遗憾的是，这些以"蕴涵"思想为核心条件句理论都没能成功解决"实质蕴涵怪论"的问题。

总之，我们认为拉姆齐的条件句思想不仅具有深远影响，而且有重要的理论意义，值得我们充分关注和深入研究。从本书的研究来看，条件句逻辑虽然有着悠久的研究历史，但是其形态不是一成不变的，它随着时代的前进而不断发生变化，当代条件句逻辑研究的各条进路所面临的困境给条件句逻辑研究提出了新的问题，每一种新的条件句逻辑都在一定程度上改进了经典条件句逻辑，都从一定方面克服了经典条件句逻辑的不足或限度，因此，条件句逻辑发展历程研究的给我们的启示是：条件句研究要从整体研究演进到分类研究，条件句要从真之研究转向既重视真又不忽视概然性的研究，条件句逻辑研究不仅要走形式化发展道路而且考虑形式与非形式的结合，条件句逻辑要从封闭式研究演进到开放式研究，条件句逻辑研究要以追求系统内外的恰当相符为理想目标。

参考文献

陈波：《逻辑哲学》，北京大学出版社 2005 年版。

江天骥：《西方逻辑史研究》，人民出版社 1984 年版。

［美］卡尔·G. 亨普尔：《自然科学的哲学》，张华夏、余谋昌、鲁旭东译，生活·读书·新知三联书店 1987 年版。

［美］罗·格勒尔：《哲学逻辑》，张清宇、陈慕泽等译，中国人民大学出版社 2008 年版。

马玉柯：《西方逻辑史》，中国人民大学出版社 1985 年版。

［美］（美）纳尔逊·古德曼：《事实、虚构和预测》，刘华杰译，商务印书馆 2007 年版。

［英］威廉·涅尔、（英）玛莎·涅尔：《逻辑学的发展》，张家龙，洪汉鼎译，商务印书馆 1985 年版。

［英］休谟：《人类理智研究》，吕大吉译，商务印书馆 1999 年版。

Aumann, R. (1995) "Backward Induction and Common Knowledge of Rationality", *Games and Economic Behavior*, 8.

Alan Rose Anderson (1951). A Note on Subjunctive and Counterfactual Conditionals, *Analysis*, Vol. 12.

Alchourrón, C., Gördenfors, P., and Makinson, D. (1985). On the Logic of Theory Change：Partial Meet Contraction and Revision Functions, Journal of Symbolic Logic, 50.

Anderson, A. R., and N. D. Belnap, Jr. (1975). Entailment：The Logic of Relevance and Necessity, Princeton：Princeton University Press, Volume I.

A. R. N. D. Belnap, Jr., and J. M. Dunn (1992) *Entailment：The Logic of Relevance and Necessity*, Princeton, Princeton University Press, Volume II.

Bennett, J. (1988). Farewell to the Phylogiston Theory of Conditionals. Mind 97, 509－527.

Bennett, J. (1995). Classifying Conditionals: TheTraditional Way is Right. Mind 104, 331 – 354.

Bennett, J. (2003). A Philosophical Guide to Conditionals, Oxford University Press.

Blue, N. A. (1981). A Metalinguistic Interpretation of Counterfactual Conditionals. Journal of Philosophical, 10.

Chisholm, R. M. (1946). "The Contrary – to – Fact Conditional," Mind (55).

Cooley, J. C. (1957) Professor Goodman's Fact, Fiction, & Forecast, Vol. 71.

Chisholm, R. M. (1955). "Law Statements and Counterfactual Inference," Analysis (15).

David Lewis (1973), Counterfactuals, Mass.: Harvard University Press.

David Lewis (1979), Counterfactual Dependence and Time's Arrow, *Noûs* Vol. 13, 455 – 476.

Davis, W. (1979) "Indicative and Subjunctive Conditionals", *Philosophical Review*, 88: 544 – 564.

Dudman, V. H. (1988). Indicative and Subjunctive. Analysis 48, 113 – 122.

Dudman, V. H. (1991). Jackson Classifying Conditionals. Analysis 51, 131 – 136.

Fetzer, J. H. and D. Nute (1979), "Syntax, Semantics, and Ontology: A Probabilistic Causal Calculus", *Synthese*, 40.

Gärdenfors, P. (1988) *Knowledge in Flux*, Cambridge, MA: MIT Press.

Gabbay, D. M. (1972) A General Theory of the Conditional in Terms of A Ternary Operator. Theoria, 38.

Goldszmidt. M. and J. Pearl (1996) "Qualitative Probabilities for Default Reasoning, Belief Revision and Causal Modelling", *Artificial Intelligence*, 84, No 1 – 2.

Gauker Christopher (2005). Conditionals in Context. MIT Press.

Grice, H. P. (1975). "Logic and Conversation," in D. Davidson and G. Harman (eds), The Logic of Grammar. Encino: Dickenson, 64 – 75.

Grice, H. P. (1989). Studies in the Way of Words. Cambridge MA:

Harvard University Press.

Harper, W. L., Stalnaker, R., and Pearce, G. (eds) (1981). Ifs: Conditionals, Belief, Decision, Chance, and Time. Dordrecht: D. Reidel.

Honderich, T. (1982) Causes and if p, even if x, still q, Philosophy, Vol. 57.

Honderich, T. (1987) Causation: rejoinder to Sanford, Philosophy, Vol. 62.

Horacio Arló – Costa. (2007) The Logic of Conditionals, http: //stanford. library. usyd. edu. au/entries.

Igal Kvart. (1992). *Counterfactuals*. Erkenntnis. Vol. 36.

Jackson, F. (1987). *Conditionals*. Oxford: Basil Blackwell.

Jackson, F. (1990). *Classifying* Conditionals. *Analysis* 50, 134 – 147.

Jackson, F. (ed). (1991). Conditionals. Oxford: Clarendon Press.

Jackson, F. (1991). Classifying Conditionals II. Analysis 51, 137 – 143.

Janina Hosiasson – Lindenbaum (1940). "On Confirmation". Journal of Philosphy 76.

John Hawthorne (2005), "Chance and Counterfactuals" in Philosophy and Phenomenological Research, Vol. LXX.

Kratzer, A. (1981). "Partition and Revision: The Semantics of Counterfactuals," Journal of Philosophical Logic 10.

Lennart Åqvist (1973), "Modal Logic with Subjunctive Conditionals and Dispositional Predicates", Journal of Philosophical Logic 2.

Levi, I. (1996) For the Sake of the Argument: Ramsey Test Conditionals, Inductive Inference and Non – monotonic Reasoning. Cambridge: Cambridge University Press.

Levi, I. (1988) "Iteration of Conditionals and the Ramsey Test", *Synthese*, 76.

Lewis, C. I. (1912) Implication and the Algebra of Logic, Berkeley, University of California Press.

Lewis, C. I and Langford, C. H. (1959) Symbolic Logic, Second Edition, New York, Dover.

Lewis, C. I (1943) The Modes of Meaning, Philosophy and Phenomenological Research, Vol. 4, 243.

Mares, E. D. and A. Fuhrmann, 1995, "A Relevant Theory of Conditionals," *Journal of Philosophical Logic* , 24.

Mares, E. D. , 2004, *Relevant Logic : A Philosophical Interpretation* , Cambridge: Cambridge University Press.

Mates, B. (1970) Review of Walters, 1967, Journal of Symbolic Logic, Vol. 35.

Mellor (ed), D. H. (1978) Foundations: Essays in Philosophy, Logic, Mathematics, and Economics. Atlantic Highlands, N. J.': Humanties Press.

McCawley, J. D. (1981) Everything that Linguists have Always Wanted to Know about Logic but were Ashamed to Ask. Chicago: The University of Chicago Press.

Nelson Goodman. (1947) The Problem of Counterfactual Conditionals. *The Journal of Philosophy*, Vol. 44.

Nelson Goodman (1957), Parry on Counterfactuals, The Journal of Philosophy, Vol. 54, No. 14 .

Nute, D. (1975) . "Counterfactuals and the Similarity of Words," *The Journal of Philosophy*, 72.

Parry, W. T. (1957). Reëxamination of the Problem of Counterfactual Conditionals, Journal of Philosophy, Vol, 54.

Pollock , J. (1976) . Subjunctive Reasoning. Reidel, Dordrecht.

Pearl, J. (2000) *Causality: Models, Reasoning, and Inference*, Cambridge University Press, Cambridge, England.

Ramsey, F. P. (1929) . "General Propositions and Causality," in R. B. Braithwaite (ed.), 1931, The Foundations of Mathematics. London: Routledge and Kegan Paul.

Rescher, Nicholas (1961) . "Belief – Contravening Suppositions". Philosophical Review 70.

Roderick M. Chisholm (1946) . The Contrary – to – Fact Conditional, Mind, Vol. 55, No. 220.

Samet, D. (1996) . "Hypothetical Knowledge and Games with Perfect Information", *Games and Economic Behavior*, 17.

Schneider, Erna F. (1953) "Recent Discussion of Subjunctive Conditionals", Review of Metaphysics, Vol. 6.

Selten, R. and U. Leopold (1982) "Subjunctive Conditionals in Decision and Game Theory", in W. Stegmuller et al. (eds.) *Philosophy of Economics.* Berlin, Springer.

Skyrms, B. (1998) "Subjunctive Conditionals and Revealed Preference", *Philosophy of Science*, 65/64.

Skyrms, B. (1994) "Adams's Conditionals", In E. Eells and B. Skyrms (eds.) Probability and Conditionals: Belief Revision and Rational Decision, Cambridge: Cambridge University Press.

Slote, M. A. (1978) Time in Counterfactuals, Philosophical Review, Vol. 87.

Spirtes, P. and C. Glymour, R. Scheines (2001) "Causation, Prediction, and Search", 2nd Edition, Cambridge, MA: MIT Press.

Sanford, D. H. (1989) If P, then Q: Conditionals and Foundations of Reasoning, London: Routledge.

Sosa, Ernest (ed). (1975). Causation and Conditionals. Oxford University Press.

Stalnaker, R. (1991) "Indicative Conditionals", in F. Jackson (ed.) Conditionals, (Oxford Readings in Philosophy), Oxford: Oxford University Press, 136 – 155.

Von Wright (1974). Causality and Determinism. New York: Columbia University Press.

Van Fraassen, B. C., (1974). Hidden Variables in Conditional logic. Theoria, 40.

Whitehead, Alfred North, and Bertrand Russell (1962). Principia Mathematica to 56, Cambridge: Cambridge.

Wilhelm Ackermann. (1956). Begründung Einer Strengen Implikation, The Journal of Symbolic Logic, Vol. 21 (2): 113 – 128.

Woods, M. (1997). D. Wiggins (ed). Conditionals. Oxford: Clarendon Press.

Wertheimer, R. (1968). Conditions, The Journal of Philoso-phy, Vol. 65.

William Todd. (1964). Counterfactual Conditionals and the Presuppositions of Induction, Philosophy of Science, Vol. 31, No. 2.

Warmbrōd. (1981). Counterfactuals and Substitution of Equivalent Antecedents. Journal of Philosophical Logic, 10 (2).